Der Autor

Simon Crompton ist der Begründer von *Permanent Style*, dem berühmtesten Blog über klassische Männermode im Vereinigten Königreich. Der Blog hat eine weltweite Leserschaft und wurde 2008 von der *New York Times* zu einem der zehn besten Stil-Blogs gewählt. Simon ist zudem Chefredakteur vom *Gentleman's Corner*, einer Website zum Thema Männerkleidung, und schreibt regelmäßig für *The Financial Times* und die Zeitschrift *The Rake*.

© Lizenzausgabe der Süddeutschen Zeitung GmbH, München
Für die Süddeutsche Zeitung Edition 2011
Projektleitung: Marion Meyer, Catharina Pawella
Projektmitarbeit: Felix Scheuerecker
Copyright © Elwin Street Limited 2011
Cover und Gestaltung: Simon Daley
Layout: Elizabeth Healey
Illustrationen: Tonwen Jones
Copyright Fotos: Getty (S. 47); Guy Hills (S. 25, 77, 111);
Christopher Simon Sykes (S. 71)

Konzipiert und produziert von
Elwin Street Limited
144 Liverpool Road
London N1 1LA
www.elwinstreet.com

Printed in China
ISBN 978-3-86615-844-3

TAILORING

Simon Crompton

Inhaltsverzeichnis

Warum man bei Tailoring ein Snob sein sollte

Ein gut sitzender Anzug schmeichelt der Statur. Doch wie findet man den passenden? Konfektionsanzüge werden nicht richtig ausgewählt, Maßkonfektion wird ignoriert, Maßanfertigung wird missverstanden. Dabei ist guter Stil kein Geheimnis. Alles, was Sie brauchen, ist ein wenig Leidenschaft.

Ein gut gearbeiteter Anzug kann Ihr Körpergefühl verändern – ein für Ihre Figur gefertigter Anzug garantiert einen perfekten und bequemen Schnitt. Ein Maßanzug schmeichelt allen Formen. Er kann Sie schlanker, fitter, stärker oder all dies zugleich aussehen lassen. Um dies zu erreichen, bemisst ein Schneider die Taille schmal und gibt am Brustkorb Stoff hinzu. Die V-Form lässt Ihre Taille schmaler erscheinen, hebt Ihre Schultern hervor und suggeriert eine athletische Figur. Wenn Sie in den Spiegel schauen, stärkt das Ihr Selbstvertrauen.

Maßgeschneiderte Kleidung erlaubt es Ihnen, Ihren eigenen Stil zu prägen. So können Sie allem, was Sie tragen, Ihre persönliche Note verleihen. Feine Details, wie braune Hornknöpfe oder Hosenaufschläge, pinkfarbene Nadelstreifen oder neongrünes Futter als Hingucker – das bestimmen ganz allein Sie. In Modegeschäften finden Sie viele Optionen, doch das sind die Ideen anderer, nicht Ihre eigenen. Und damit laufen Sie Gefahr, dass Sie *sich selber* im gleichen Outfit auf der Straße begegnen.

Nicht nur Anzüge werden maßgeschneidert. Mein Schneider hat auch schon Radrenntrikots, Kurzjacken und Capes gefertigt. Grenzen setzt Ihnen nur Ihre Fantasie. Am häufigsten werden natürlich Anzüge maßgefertigt, daher stehen sie im Mittelpunkt dieses Buches. Doch viele Prinzipien, von der Stoffwahl bis zu den Tipps für die Anproben, gelten auch für andere Kleidungsstücke.

Ein guter Anzug ist immer eine Investition wert, ob maßgeschneidert oder nicht. Mit ihm haben Sie die richtige Garderobe für die wichtigsten Momente in Ihrem Leben. Er ist elegant, geschmeidig und seriös. Im Büro verleiht er Ihnen täglich eine natürliche Autorität, die Sie die ganze Woche begleitet. Er prägt den Eindruck, den Sie vermitteln.

Sich gut zu kleiden ist für viele Männer bisher eine Quelle unentdeckten Genusses. Sie meinen, der dafür nötige Aufwand würde von anderen nicht wirklich wahrgenommen. Also lassen sie es. Das ist ein sehr großer Fehler. Denn der Aufwand darf nicht sichtbar sein, ob Sie sich nun für Kleidung interessieren oder nicht. Der beste Stil ist lässig, locker, nonchalant, als hätten Sie sich morgens einfach nur etwas übergeworfen. Und die Qualität Ihrer Garderobe und Ihres Geschmacks sollten es Ihnen ermöglichen, dass Sie sich tatsächlich am Morgen einfach etwas überwerfen könnten.

Ein Maßanzug kann verunsichern. Es ist nicht so leicht herauszufinden, wie man beschreibt, was man will – und ob man etwas bekommt, was sein Geld wert ist. Dieser Unsicherheit begegnen Sie mit Kenntnis der Materie, und genau die möchte dieses Buch Ihnen vermitteln. Ob Sie einen neuen Anzug anfertigen oder eine Jeans ändern lassen, das Werkzeug, das Sie dazu brauchen, erhalten Sie hier.

Schneider sind wunderbar altmodisch. Sie fertigen Anzüge, die so langlebig sind wie die vor hundert Jahren. Jedoch ist auch die Sprache der Schneider teilweise veraltet. In England beispielsweise bestehen die Schneider vom Rang der Savile Row (der Londoner *Goldenen Meile des Schneiderns*) darauf, das Oberteil eines Anzugs als *Coat* (Mantel) zu bezeichnen. Historisch ist das korrekt. Über dem Mantel wurde ein *Overcoat* (Übermantel) getragen. Im heutigen Sprachgebrauch wird der Overcoat jedoch als Mantel und der Coat als Jackett bezeichnet. Daher werde ich dieses Kleidungsstück in diesem Buch als Jackett bezeichnen. Viele Schneider werden mich dafür hassen. Aber dieses Buch ist für Sie und nicht für die Schneider.

008

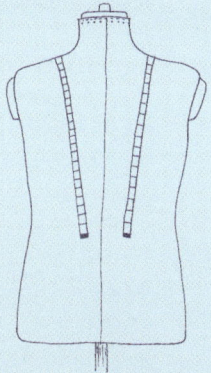

Konfektionsanzug, Maßkonfektion und Maßanzug

Der Unterschied zwischen den drei Hauptkategorien – Konfektionsanzug, Maßkonfektion und Maßanzug – besteht in der Passform. In der Regel sitzt ein Maßanzug besser als ein Maßkonfektionsanzug, doch das ist nicht zwingend der Fall.

Konfektionsanzug

Konfektionsanzüge aus italienischen Häusern wie Kiton und Brioni sind Maßanzügen qualitativ überlegen, wenn der Schneider nicht den Rang der Savile Row hat. Hieran zeigt sich, dass eigentlich nicht die Handarbeit das wichtigste Merkmal von Maßanzügen ist, sondern die exakte Passform. Doch auch ein Konfektionsanzug kann durchaus gut sitzen: bei passender Größe, im richtigen Laden und mit richtiger Anpassung.

Maßkonfektion

Maßkonfektion ist eine Erweiterung dieses Prinzips. Die Standardmaße werden an mehr Stellen angepasst, als dies ein Änderungsschneider je machen würde. Maßkonfektionsanzüge können in denselben Fabriken gefertigt werden wie Konfektionsanzüge, doch die Maschinen sind kleiner und spezialisierter, sie können kleine Stückzahlen oder sogar Einzelstücke fertigen. Maßkonfektion ist keine Maßarbeit, aber die Passform ist sehr gut. Die Regeln für das Maßnehmen bei einem Maßkonfektionsanzug und für die Auswahl des Designs sind die gleichen wie beim Maßanzug und ebenso wichtig.

Maßanzug

Den Maßanzug zeichnet ein wesentlicher Punkt aus: Das Schnittmuster ist Ihr individuelles Muster. Der Schneider nimmt Ihre Maße (in der Regel 12 bis 15) und fertigt ein individuelles Muster an. Dafür verwendet er braunes Papier und schneidet daraus zum Beispiel ein Bruststück, eine Vorderseite von Ihrem zukünftigen Anzug nach Ihren Maßen, der Formgebung und seinem Augenmaß.

Die Formgebung berücksichtigt neben den konkreten Maßen auch die Balance Ihrer Schulterblätter, Ihre Hüften oder Ihre Haltung. Das Augenmaß des Schneiders ist seine Fähigkeit, mit seinem inneren Auge ein Bild von Haltung und Habitus des Kunden wachzurufen, welches er dann ebenfalls in das Muster einfließen lässt.

Das so entstehende Papiermuster definiert den Maßanzug; es ist präziser als jede andere Art, Anzüge anzupassen. Anhand des Musters wird dann der Stoff zugeschnitten und für die erste Anprobe geheftet (mit langen, losen und leicht entfernbaren Stichen genäht). Bei der Anprobe markiert der Schneider alle erforderlichen Änderungen mit Kreide, löst die Heftnaht wieder und schneidet dann den Stoff in der mit der Kreide markierten Form zu. Auch das Papiermuster wird entsprechend geändert, indem Papier abgeschnitten oder angeklebt wird.

Diese Sorgfalt bei der Formgebung unterscheidet Konfektion, Maßkonfektion und Maßanzug: Massenproduktion, individuelle Produktion oder präzises Papiermuster.

Internationale Stile

Die Geschichte des Anzugs ist vor allem eine englische Geschichte, geprägt durch die Rolle des Empires, durch Handel und kulturellen Kolonialismus. Maßgebend für den englischen Stil waren oft die Prinzen von Wales, darunter vor allem König Edward VII., Edward VIII. (der Duke of Windsor) und Prinz Charles. Männer von heute wundern sich oft, dass britische Prinzen die Männermode so stark geprägt haben. Einer der Gründe ist sicherlich, dass sie bewundert wurden. Wenn ein Prinz ein gewagtes Kleidungsstück getragen hatte, so war es damit gesellschaftsfähig. Zudem sahen die Menschen in einer Zeit mit wenig Werbung und Magazinen von niemandem so viele Fotos wie von der königlichen Familie. Es gab kaum andere Berühmtheiten. Wenn auf diesen Bildern jemand einen eigenen, authentischen Stil zeigte, war nachhaltiger Ruhm unvermeidlich.

Der Einfluss der Italiener

Seit der zweiten Hälfte des 20. Jahrhunderts sind es wohl die Italiener, die den größten Einfluss auf den heutigen Modegeschmack ausüben. Jeder ist der Ansicht, dass Italiener sich gut kleiden – und so sind sie eine tägliche Inspirationsquelle für die ganze Welt.

Während der englische Gentleman mit eher unauffälligen Details experimentiert – rote Socken, breit gestreifte Hemden, lustig gemusterte Hosenträger –, bleibt der Italiener konsequent bei seiner Standardkleidung aus dunklem Anzug, schwarzen Schuhen und Clubkrawatte. Oft trägt er ein blaues Hemd mit

Weise Worte

Patrick Grant, Inhaber von
Norton & Sons, UK

» Genießen Sie, sich gut zu kleiden

Es ist wirklich traurig, dass unsere Gesellschaft an einem Punkt angelangt ist, an dem sich Menschen genieren, sich stilvoll zu kleiden. Sie verzichten auf Anzug, Krawatte und Einstecktuch, um kein Aufsehen zu erregen. Nur wenige sind sich bewusst, dass das morgendliche Ankleiden ein Vergnügen sein kann – ein sehr angenehmer, friedlicher und ruhiger Moment, bevor Ihr hektischer Tagesablauf beginnt.

Sich gut zu kleiden ist nicht leicht, doch je älter man wird, desto einfacher wird es. Unser Hemdschneider ist seit 35 Jahren in der Savile Row und Jermyn Street tätig. Er hat ein hervorragendes Auge für Kleidung – bei ihm sieht man immer einen Farbtupfer, nicht nur eine einfarbige Krawatte, ein gedecktes Hemd und einen dunklen Anzug.

Wenn Sie Inspiration suchen, nehmen Sie sich ein bisschen Zeit, sich andere Gentlemen anzusehen. Wenn jemand mit wirklich toller Kleidung meinen Laden betritt, mache ich mir Notizen. Es ist nie falsch, von Älteren und Besseren zu lernen.

marineblauer Krawatte, sodass er Flanell, Leinen und farbige Schuhe dazu tragen kann.

Die Kombination aus blauem Hemd und blauer Krawatte bezeichne ich als *italienischen Hintergrund*. In seiner Neutralität ist er die ideale Basis für Experimente. Mal abgesehen vom Wetter ist er auch der Grund, warum Ihnen im Sommer in Mailand mehr Männer in hellbraunen Leinenanzügen begegnen als jemals in London. Denn in Kombination mit einem italienischen Hintergrund wirkt der Leinenanzug nicht zu lässig.

Königlicher Einfluss

Edward VII. prägte die Mode der Oberschicht. Indem er den Frack verkürzte, schuf er den Smoking als alternative Abendgarderobe. Er brachte den schwarzen *Homburger Hut* aus Deutschland mit, bevorzugte Hosenaufschläge, ließ angeblich nach einer üppigen Mahlzeit den unteren Knopf von seiner Weste offen – und schuf damit über Nacht einen neuen Trend.

Sein Enkel, der Duke of Windsor, führte ebenfalls stilistische Neuerungen zugunsten des Komforts ein. Ein doppelreihiger Anzug am Tag ersetzte die obligatorische Weste, der Gürtel am Bund die Hosenträger; Reißverschlüsse ersetzten die Knöpfe an Hosenschlitzen; und als berühmtestes Beispiel führte er einen lässigeren Schnitt ein, den Frederick Scholte entworfen hatte und der heute als *London Cut* oder *Drape* bekannt ist.

Sprezzatura

Die italienischen Stilikonen folgen dem typisch italienischen Look und fügen eigene kleine, innovative Details hinzu. Diese Details sind bewusst lässiger als die englischen und erfordern *Sprezzatura* (die Fähigkeit, sie lässig erscheinen zu lassen).

Im Gegensatz zu den meisten anderen Ländern haben die Italiener einen Mann, der alle anderen Stilikonen überragt. Sein Name war Gianni Agnelli. Er war viele Jahre CEO von Fiat und dabei ebenso Geschäftsmann wie Politiker. Agnelli wurde für seine Fähigkeit bewundert, strengen Konservatismus mit persönlichen Eigenheiten zu vermischen, die scheinbar jeder außer ihm selbst bemerkte. Agnelli trug seine Uhren stets über der Hemdmanschette und behauptete, das Uhrenarmband würde seine Haut reizen. Vielleicht. Andere Armbänder reizten seine Haut jedoch nicht. Nein, er trug seine Uhr deshalb über der Manschette, weil er es zufällig probiert hatte und diesen Stil mochte. Dann wiederholte er es genauso, bis es zur Gewohnheit geworden war.

Agnelli trug oft Flanell. Er trug oft Wollkrawatten. Er machte *Tod's* Winterstiefel bekannt, als er ein Paar von dem geschäftstüchtigen Diego Della Valle erhielt. Trotzdem wirkt der große Mann auf jedem Foto seriös, geschäftsmäßig und konservativ – seine Eigenheiten ändern daran nichts. Schließlich trug er keine Hosenträger mit kleinen Fasanen darauf, was Engländer bekanntermaßen tun.

Klassische Anzugstile

Die meisten Männer wissen ziemlich genau, wie ein Anzug aussehen soll: Er ist einreihig, hat zwei oder drei Knöpfe und ein fallendes Revers, die Hose sitzt auf den Hüften und hat weder Bundfalten noch Aufschläge. Trotzdem fällt es vielen nicht leicht, einen Anzug genau so zu beschreiben. Stellt ein Schneider die Frage „Welcher Anzugstil gefällt Ihnen?", geraten sie in Verlegenheit.

Bevor Sie diese Frage sicher beantworten können, müssen Sie einige wichtige Merkmale von Anzügen kennen und wissen, welche Vorteile ein Einreiher, ein Anzug mit hochgeschlossenem Jackett oder ein

Drei-Knopf-Jackett mit fallendem Revers

Drei-Knopf-Jackett mit rollendem, fallendem Revers

Zweireiher bieten. Nur wenn Sie wissen, was möglich ist, können Sie entscheiden, was Sie wollen. Die Beschreibung wird ihnen dann leicht fallen.

Wir beginnen mit einem einreihigen Jackett. Zunächst muss die Anzahl der Knöpfe festgelegt werden – was komplizierter ist, als man meint. Dann überlegen Sie, was Sie bei Ihrer Figur betonen und was Sie eher kaschieren wollen.

Die Bedeutung von Knöpfen

Auch die klassische Herrenmode unterliegt Trends. Daher variierte die übliche Anzahl von Knöpfen im Laufe der Jahrzehnte von einem über zwei, drei bis hin zu vier Knöpfen. Jacketts mit einem Knopf oder vier Knöpfen haben sich jedoch nicht lange halten können, üblicher sind Fronten mit zwei oder drei Knöpfen.

Zwei-Knopf-Jackett mit fallendem Revers

Zweireiher mit steigendem Revers

Kurzes Revers

Vor zehn Jahren entsprachen drei Knöpfe der Mode. Hierbei unterscheidet man echte Drei-Knopf-Modelle und rollende Modelle. Bei echten Drei-Knopf-Modellen endet das Revers über dem obersten Knopf. Wenn nur der Taillenknopf (der mittlere Knopf) geschlossen wird, bildet dieses kurze Revers einen scharfen und eher unschönen Winkel oberhalb der Knopfleiste. Bei diesem Jackett sollten daher immer die beiden oberen Knöpfe geschlossen werden.

Natürliches Rollen

Im Vergleich zu dem stilistischen Extrem des kurzen Revers rollt sich das Revers bei den meisten anderen Jacketts auf natürliche Weise ein. Wenn der obere Knopf nicht geschlossen ist, verlängert sich das Revers und endet dann über dem Taillenknopf. Wie leicht es sich rollt, hängt von der Stärke des formgebenden Materials der Brustpartie und von der Naht hinter dem Revers ab. Ein steiferes Jackett beispielsweise wird aufgrund der festeren Einlagen weniger leicht rollen, während es bei einem stark formbetonten Jackett vor allem die Nähte hinter dem Revers sind, die für einen bestimmten Sitz sorgen. Auch leichte Jacketts haben manchmal eine solche Naht, damit sie nicht die Form verlieren.

Hochschließend

Hochschließende Jacketts stehen nur wenigen Männern gut, da sie das Revers verkürzen und damit die streckende Wirkung eines guten Jacketts verringern. Jacketts mit drei oder vier Knöpfen waren bisher vor allem dann beliebt, wenn sie zu Modetrends erklärt wurden – wie von den *Mods* oder den *Teddy Boys* in England. Beide Subkulturgruppen haben ihre Looks an älteren Kleidungsstilen orientiert, bei denen so wenig Hemd wie möglich sichtbar sein sollte und damit automatisch hochschließende Jacketts oder Westen getragen werden mussten.

Unter Umständen sollten Sie also statt eines echten Drei-Knopf-Modells lieber ein Jackett mit einem von drei zu zwei Knöpfen rollendem Revers wählen. Denn dies ist sowohl flexibler als auch schmeichelhafter. In den USA, wo immer lässigere und weniger formbetonte Jacketts bevorzugt wurden, wäre diese Wahl ohnehin üblicher. Hochgeschlossene Modelle – die zugeknöpft,

Steigendes Revers

Das steigende Revers stammt vom Cutaway (kurz Cut), dessen Schnitt sich aus dem Gehrock des viktorianischen Englands entwickelte und der seither bei formellen Anlässen getragen wird.

Der Smoking, der eine Weiterentwicklung des Cutaways darstellt, hat ebenfalls ein steigendes Revers, wirkt durch seine kürzeren Schöße jedoch lässiger und kann daher auch zu weniger formellen Anlässen getragen werden.

Auch das Jackett vom Stresemann hat ein steigendes Revers, allerdings ohne Schöße und den seidenen Besatz des Smokings. Dieser Anzug wird häufig mit grauer Hose getragen und besteht aus hochwertigen Stoffen wie Kaschmir.

Das steigende Revers ist bei einreihigen Jacketts also durchaus üblich. Allerdings wirkt es formeller als ein fallendes Revers und sollte entsprechend eingesetzt werden.

strenger und zwangsläufig schmaler geschnitten sind –
wurden von jeher mehr in der französischen und italienischen Mode bevorzugt. Sollten sie also trotzdem drei
Knöpfe wollen, achten Sie auf das rollende Revers.

Weniger Knöpfe

Wenn ein hochgeschlossenes Jackett also weniger
schmeichelhaft und weniger modisch wirkt, wenn
wenige Knöpfe optisch strecken und die Schultern
betonen, dann könnte man meinen, dass ein einzelner
Knopf diese Wirkung verstärkt. Doch, ob ein Knopf
oder zwei, die Länge des Revers ist dieselbe. Bei
beiden Stilrichtungen ist der Taillenknopf der obere
beziehungsweise der einzige Knopf, bei Zwei-Knopf-
Modellen kommt ein unterer hinzu.

Der Schnitt von Zwei-Knopf-Modellen sieht eigentlich vor, dass der untere Knopf nicht geschlossen wird.
Anders als bei den unteren Knöpfen mancher Westen
können Sie ihn zwar schließen, doch der Schnitt ist
viel eleganter, wenn Sie dies nicht tun. Einige Modelle
haben zwei Knöpfe, über und unter der Taille, die
beide geschlossen werden. JFK wurde häufig in
solchen Paarreihern abgebildet. Doch diese sind selten, eine flüchtige Mode und weniger elegant als die
traditionelle Form. Warum sollte man dafür den
beweglichen Verschluss eines Anzugs versteifen? Die
Bewegungsfreiheit wäre eingeschränkt.

Der zweite Knopf

Wozu also ein zweiter Knopf, könnten Sie fragen. Er
scheint überflüssig. Viele Modekritiker haben diese
Meinung geteilt und betont, dass ein Knopf modischer
sei, drei Knöpfe seien praktischer und Zwei-Knopf-
Jacketts im Vergleich einfach nur langweilig.

Es gibt drei wesentliche Gründe für den zweiten Knopf. Der erste ist praktischer Art: Ein kleiner Windstoß kann Ihr Jackett aufklappen, sodass Sie es mit den Händen glätten müssen. Das wirkt nicht elegant und zerstört die Silhouette des Schnitts. Der zweite Grund ist eine Frage des Stils: Ein Knopf ist pfiffig, geradezu schnittig. Doch was der eine chic findet, wirkt auf den anderen halbseiden – in jedem Fall ist es ein Statement. Ungeachtet der Geschichte des Jacketts – also der Abstammung von Gehrock und Reitkleidung – und abgesehen von modernen Moderichtungen (dank Huntsman und neuerdings Richard Anderson), es ist und bleibt eine Stilfrage. Und manche Männer bevorzugen nun mal etwas Dezentes. Sie wollen kein Lebemann-Image. Für sie ist das Zwei-Knopf-Jackett genau das Richtige.

Hochbundhosen

Da ein Ein-Knopf-Modell den Ausschnitt in der Front des Jacketts vergrößert, kann die Taille sichtbar werden. Wenn auch für die heutige Männermode nicht mehr allgemeingültig, erfordert das Ein-Knopf-Jackett eigentlich eine Hochbund- beziehungsweise Taillenbundhose. Zu Zeiten, in denen alle Männer Hosenträger trugen, saßen die Hosen am Nabel, sodass der Hosenbund und die Taille des Jacketts in Höhe ihrer natürlichen Taille saßen. Wenn sie ihre Hände in die Taschen steckten und das Jackett auseinanderzogen, blieb das Hemd unsichtbar. Auch wenn heute nur noch wenige Männer diese Bundhöhe tragen, so bleibt ein zwischen Hose und aufspringendem Jackett rausschauendes Hemd wenig schmeichelhaft und macht die Wirkung des steigenden Revers zunichte. Ob nun

also ein Jackett mit einem Knopf oder zwei Knöpfen –
beide haben ihre Vorteile, und die Entscheidung ist
und bleibt eine Frage des eigenen Geschmacks.

Und der Zweireiher?

Einige Männer bevorzugen ein doppelreihiges Jackett,
da es schmale Schultern breiter erscheinen lassen
kann. Das gilt aber nicht für jeden Zweireiher. Die
Wirkung ist vom individuellen Design abhängig, zum
Beispiel von der Position der Knöpfe und ihrer Anzahl.

Eine doppelreihige Front vermittelt den Eindruck
von Breite, da die Vorderteile übereinander statt anein-
ander liegen. Das in der Regel steigende Revers verläuft quer über den Körper und betont die Diagonale.
Auch die Knöpfe, die in horizontalen und vertikalen
Linien zueinanderstehen, vermitteln Breite.

Die Breite reduzieren

Dieser eckige und breite Eindruck kann gemildert
werden. Der Verlauf des Revers ist durch die Position
des Taillenknopfes und die Breite der Überlappung
der Vorderteile variabel. Stellen Sie sich ein übliches
doppelreihiges Jackett vor und bewegen Sie nun den
Taillenknopf (bei einem Sechs-Knopf-Modell meist
in der mittleren Reihe, bei einem Vier-Knopf-Modell
in der oberen Reihe) langsam nach unten. Da der
Kragen unverändert bleibt und sein unteres Ende
nach unten wandert, wird der Verlauf des Revers
steiler und die gesamte Linie gestreckt.

Wenn Sie nun noch die Überlappung verkleinern und
der Taillenknopf in die Mitte des Jacketts wandert,
dann wird das Revers noch weiter gestreckt (und ein
wenig verkürzt). Schon zwei Zentimeter zeigen eine
große Wirkung

Wenn Sie also einen Zweireiher als Maßanzug fertigen lassen, bedenken Sie die Position des Taillenknopfes und den Grad der Überlappung.

Bei der Anzahl der Knöpfe können Sie zwischen sechs mal zwei oder vier mal zwei wählen. Das Sechs-Knopf-Modell ist nicht jedermanns Geschmack, außerdem kann es unförmig wirken. Weniger Knöpfe wirken meist vorteilhafter. Das Vier-Knopf-Modell ist definitiv eine Option. Da es in den Geschäften außerdem kaum zu finden ist, fällt ein solcher Maßanzug sicherlich auf.

Beim Zweireiher wirken zwei Knöpfe eher modisch als traditionell. Wenn Sie dieses Modell wählen, können Sie später weitere Knöpfe ergänzen – ein großer Vorteil des Maßanzugs.

Wie erwähnt, kann ein Zweireiher für schmale Männer sehr vorteilhaft sein. Doch auch große Männer sollten sich von einem doppelreihigen Jackett nicht abschrecken lassen. Sie können den Zweireiher gut tragen, wenn Sie das Volumen des Jacketts durch Schlichtheit, minimale Struktur und den Verzicht auf massige Stoffe reduzieren.

» Das Anzugfutter

Die meisten Anzüge sind vollständig gefüttert, sie können aber auch halb, zu einem Viertel gefüttert oder ungefüttert sein. Weniger Futter reduziert das Gewicht und verbessert die Atmungsaktivität.

Eine halbe Fütterung endet an den Seitennähten und stärkt die Nackenpartie, lässt aber den restlichen Rücken frei. Eine Fütterung zu einem Viertel bedeckt nur die Hälfte bis zur Seitennaht. Ein ungefüttertes Jackett hat keinen Futterstoff, die Nähte werden innen mit ähnlichem Stoff bedeckt.

Obwohl Jacketts ohne volle Fütterung weniger Material erfordern, ist die Fertigung aufwendiger. Kleine Schneidersünden können normalerweise im Futter verschwinden – ohne diese Hülle muss jeder Stich perfekt sein.

Nachteile eines Jacketts ohne Futter: Es knittert schnell, und durch die Reibung von Hemd und Jackett klebt es oft am Rücken. Letzteres ist vor allem bei rauen Stoffen wie Leinen oder Tweed der Fall. Tweed hat allerdings den Vorteil, dass er schwerer ist – Leinen und viele Baumwollstoffe jedoch nicht, weshalb sie sich nicht für ungefütterte Modelle nicht eignen.

Auswahl der Form

Die verschiedenen Feinheiten der Form eines Anzugs haben eine überproportionale Wirkung auf Ihr Erscheinungsbild. Groß oder klein, korpulent, schmal oder durchschnittlich: Sie sollten beim Kauf eines Anzugs oder Auftrag eines Maßanzugs einiges berücksichtigen.

Kleinere Statur

Bei einer geringen Körpergröße sollten Sie viel Stoff vermeiden, da dieser Ihre Statur nur unnötig unterstreicht. Eine enge Passform dagegen ist vorteilhaft. Das Jackett sollte einen Knopf, maximal zwei Knöpfe haben. Denn je mehr Knöpfe, desto mehr horizontale Linien unterbrechen die Front, und – was noch wichtiger ist – desto kürzer ist das Revers.

Der Verlauf des Revers vom Nacken bis zur Taille ist die dominanteste Linie eines Anzugs und bestimmt die Optik. Wenn Sie zum Beispiel größer wirken wollen, sollte diese Linie so lang wie möglich und nur mit einem oder zwei Knöpfen versehen sein (denn ob ein oder zwei, der entscheidende Taillenknopf sitzt an der gleichen Stelle).

Während die Taille des Jacketts eng anliegen soll, damit die Silhouette schlank wirkt, sollte der Hosenbund hoch sitzen, am Nabel oder sogar höher. Das kann sich ungewohnt anfühlen, doch die Beine wirken dadurch länger und die Falten werfen klare Linien, da sie über den Hüftknochen fallen. Wenn Sie trotzdem eine niedrigere Bundhöhe wünschen, sollten Sie schlanke Beine haben und scharfe Bügelfalten wählen.

Das Jackett sollte relativ kurz sein, das streckt ebenfalls die Beinlänge. Unvorteilhaft dagegen ist, wenn Sie an Armen, Taille oder Hüften im Jackett versinken. Während vertikale Taschenschlitze durchaus positiv sind, sollten Sie horizontale weglassen – natürlich nur, wenn Sie darauf verzichten können, die Hände in die Taschen zu stecken.

Darüber hinaus gilt: Je schlichter der Anzug, desto vorteilhafter wirkt er. Vermeiden Sie daher Billetttaschen, aufgesetzte Taschen, Einstecktücher und Aufschläge an den Ärmeln oder Hosen. All diese Elemente unterbrechen die vertikalen, klaren Linien, die wir betonen wollen. Von Vorteil ist alles, was streckt – die Reversspitze darf also gern ein wenig höher sitzen als normal.

Seien Sie auch beim Stoff wählerisch, vermeiden Sie Volumen: Dunklere, feine Wollstoffe lassen Sie schmal wirken. Vermeiden Sie blasse oder helle Farben sowie große Muster (vor allem Karos). Ein feiner Nadelstreifen dagegen streckt die Form. Dunkle Schuhe und eine schlichte Krawatte betonen den Stil. Ein Kontrast durch Sportjacken oder auffällige Westen ist hingegen nicht zu empfehlen.

Akzente für den großen Mann

Für den großen Mann gilt jeweils das Gegenteil. Es werden möglichst viele Akzente gesetzt: Billetttaschen, aufgesetzte Taschen, große Karos und auffällige Jacken, Gürtel, Hosenaufschläge und derbe Schuhe – je mehr Struktur, desto besser. Ein Einstecktuch lenkt den Blick zur Seite; tragen Sie Weste und Uhr; kürzen Sie Ihre Ärmel ein wenig, sodass immer ein guter Zentimeter vom Hemd sichtbar ist – das alles unterbricht die Linien. Auf feine Details wie zum Beispiel eine Seidenkrawatte sollten Sie dagegen eher verzichten.

Die Tipps für große Männer gelten auch für schlanke – die für kleinere auch für kräftige Männer. Wenn Sie groß und kräftig sind oder schlank und klein, setzen Sie Ihre Prioritäten. Die meisten Männer wollen jedoch das jeweils zweite Merkmal kaschieren.

Der lässige Sitz bei Fred Astaire

Fred Astaire prägte einen lockeren, lässigen Stil. Er achtete darauf, dass die Armlöcher seiner Jacketts hoch angesetzt und knapp waren, damit seine Arme Bewegungsfreiheit hatten und das Jackett nicht verrutschte. Bei Anproben sprang er bei seinem Schneider Anderson & Sheppard durch den Raum und kontrollierte dann im Spiegel, ob sein Kragen noch immer exakt an seinem Nacken anlag.

Astaires Kleider wurden allerdings nicht deshalb weit geschnitten, damit er darin tanzen konnte. Er wollte seinen dünnen Körper kaschieren. Dank des Geschicks seiner Schneider fiel das jedoch nicht auf. Nur wer genau hinsieht, erkennt, dass sein Nacken, seine Handgelenke und Knöchel im Vergleich zum Volumen seiner Kleider sehr zierlich waren. Er ist das beste Beispiel dafür, wie man sich als dünner Mann kleidet: großzügig, aber nicht formlos.

Die richtige Farbe

Bei Businessanzügen und anderen formellen Anzügen ist die Farbwahl eigentlich einfach. Dennoch gibt es ein paar Tipps, die beachtet werden sollten.

Die Standardfarben sind Blau und Grau, und das aus gutem Grund: Keine andere Farbe ist so elegant und schmeichelt zugleich dem Teint eines Mannes. Schwarz ist zu hart, Braun nicht elegant genug, Hellbraun ist zu lässig. Um sachlich zu wirken, sollte die Farbe dunkel sein – was aber nicht heißt, dass es immer nur Schwarz sein darf.

Standardblau

Marineblau ist das klassische Blau für Businessanzüge: ein dunkler Farbton, leicht von Schwarz zu unterscheiden und eindeutig Blau. Viele Männer tragen zu dunkle Anzüge (fast Nachtblau, das für Abendanzüge verwendet wird und eher schwarz erscheint). Darin wirken sie meist blass und teigig. Echtes Blau und Grau sind viel freundlicher.

Ein mittlerer Blauton ist zudem interessanter für Farbkombinationen. Nachtblau sieht nur mit einem weißen Hemd und schwarzen Schuhen elegant aus. Diese Accessoires eignen sich ebenfalls für Marineblau, doch hierzu passen auch dunkelbraune Schuhe. Ein blaues Hemd bietet einen perfekten Hintergrund für Farbexperimente bei der Krawatte oder beim Einstecktuch. In Kombination mit Schwarz wirken solche Details eher billig. Royalblau oder Himmelblau sind akzeptabel für lässige Anzüge oder Blazer, für Geschäftsanzüge dagegen weniger. Je blasser und heller eine Farbe, desto lässiger wirkt sie. Wenn hingegen ein Leinenanzug eleganter wirken soll, dann sollten Sie besser Marineblau als Royalblau wählen.

Blassgrau

Die meisten zu Blau genannten Punkte gelten auch für Grau. Zu viele Männer tragen ein zu dunkles Grau mit schwacher Struktur, das eher schwarz wirkt. Tatsächlich sollten jedoch nur zwei Graustufen für Businessanzüge verwendet werden: *Charcoal* (Dunkelgrau) und Mittelgrau.

Dunkelgrau passt gut in die Geschäftswelt, insbesondere als Flanell-Stoff. Und ebenso wie Marineblau kann es nicht mit Schwarz verwechselt werden. Alles in allem ist jedoch Mittelgrau die freundlichste Farbe und passt zum Teint der meisten Männer; es ergänzt eine gute Bräune und lässt das Gesicht nicht teigig erscheinen. Daher empfehle ich Männern für ihre erste Geschäftsgarderobe (oder ihre ersten Maßanzüge) zunächst Marineblau, Dunkelgrau und Mittelgrau.

Mittelgrau ist etwas heller als der graue Anzug, den Sie instinktiv kaufen würden. Seien Sie unbesorgt, er wirkt absolut seriös mit blauem Hemd, dunkler Krawatte und dunkelbraunen Oxford-Schuhen. Im Sommer kann er mit weißem Hemd, hellbraunen Schuhen und einem weißen Leineneinstecktuch auch lässiger getragen werden.

Andere Farben

Ein blauer Blazer sollte das nächste Stück der Garderobe sein, dann ein Kreidestreifen, *Prince of Wales*-Karo und ein Dreiteiler, erst dann empfiehlt sich ein Farbwechsel.

Weise Worte

Tim Everest, Inhaber von
Timothy Everest, UK

» Der richtige Stoff

Männer machen zwei typische Fehler, wenn sie einen
Stoff für ihren ersten Maßanzug wählen. Der erste ist
das Design: Sie suchen einen extravaganten Schnitt
und eine starke Farbe, obwohl Zeit und Geld besser
investiert sind, wenn der erste Anzug etwas konserva-
tiver ausfällt.

Der zweite ist die Qualität des Stoffes. Sie gehen
zunächst von Konfektionsware aus und meinen, je
leichter das Gewicht und weicher der Stoff, desto
besser die Qualität. Obwohl ein guter Schneider
mit den meisten Stoffen umgehen kann, lassen sich
Materialien mit etwas Substanz und passendem
Gewicht immer besser verarbeiten. Verlassen Sie sich
also auf den Rat Ihres Schneiders.

Der erste Maßanzug fällt in Form und Schnitt
anders aus, als Sie es bisher gewohnt waren. Halten
Sie das Design daher einfach. Nehmen Sie etwas
Schlichtes, um einen Grundpfeiler für Ihre Garderobe zu kreieren – ein feines Huddersfield-Kammgarn
zum Beispiel mit etwa 280 bis 340 Gramm.

Wenn Sie den Farbwechsel wagen, dann wenden Sie sich Braun und Grün zu. Das scheint recht gewagt, doch schauen Sie sich Tweed an, den Stoff traditioneller, lässiger englischer Kleidung, bei dem Grün oder Braun dominieren. Beide Farben eignen sich für Anzüge oder Jacketts in jedem Material, doch bedenken Sie, dass hellere und stärkere Farben lässiger wirken. Bei einem Anzug sollten Braun und Grün eine Nuance Grau enthalten und so dunkel sein, dass sie nicht schillern.

EINZIGARTIG » EXKLUSIV » ULTIMATIV **Snob**

Doppelknopflöcher Traditionelle Maß-anzüge sollten bei einem zweireihigen Anzug stets ein Knopfloch in beiden Revers haben. Denn der Zweireiher hat sich aus Uniformjacken entwickelt, deren Vorderteile zurückgeklappt und mit Knöpfen auf dem unteren Stoff fixiert wurden. Wenn die Knöpfe offen blieben, dann bildeten sie einen Doppelreiher mit breiter Überlappung. Das Revers solcher Uniformen hatte natürlich eine etwas andere Form, da es sonst unter dem Kinn unbequem gewesen wäre. Die Spitze des heutigen Revers ist eine Überzeichnung der Form von alten Uniformjacken.

Stoff und Material verstehen

Anzüge werden in den meisten Fällen aus Kammgarn gefertigt. Daraus bestehen 99 Prozent der Konfektionsanzüge. Sowohl die Wollfaser als auch das Gewebe werden geglättet, um eine makellose Oberfläche zu erhalten. Es gibt viele verschiedene Arten von Kammgarn – Serge und Gabardine beispielsweise sind beides Kammgarne, fühlen sich aber sehr unterschiedlich an –, doch Stoffe aus Kammgarn sind nur ein Teil des vielfältigen Stoffangebots.

Die Kammgarn-Stoffe haben verschiedene Gewichtsklassen für die jeweiligen Verwendungen. Die meisten Anzüge von der Stange sind leicht und wiegen 250 bis 300 Gramm. Leider, denn so haben Männer nur eine beschämend geringe Auswahl. Und das, obwohl auch noch ein 400-Gramm-Anzug im Sommer getragen werden kann. An kühleren Tagen fühlt sich solch ein festerer Anzug besser an. Und wenn die Farbe Grau oder Marineblau ist, dann finden die Hosen noch öfter Verwendung, denn Hosen können Sie unabhängiger vom Klima tragen als Jacketts.

Ihre Garderobe sollte also ein gutes Gewichtsspektrum zwischen 250 und 360 Gramm haben. Da Konfektionsanzüge generell leichter sind, sollte Ihr erster Maßanzug sich im eher schweren Bereich bewegen. Schwerere Stoffe sind ein Segen, denn sie hängen und behalten ihre Form besser als leichte, wodurch der Anzug auch besser aussieht.

Flanell

Unter den schwereren Stoffen bietet sich Flanell an. Flanell wird weniger stark bearbeitet und ist weniger glatt als Kammgarn. Der Stoff fühlt sich weicher und lockerer an, fällt jedoch wunderbar und bietet einen schönen Kontrast zu einer Seidenkrawatte und polierten Schuhen. Gewebte Krawatten zu Kammgarnanzügen sind eine ebenso kontrastreiche Kombination.

Testen Sie das Tragegefühl von einem einreihigen grauen Flanellanzug mit 340 oder 360 Gramm. Für einige Männer ist ein Flanellanzug wegen seines Charakters der Favorit. Solche Liebhaber tragen im Sommer dann meist ein 250- bis 310-Gramm-Modell – streng genommen kein Flanell, aber ebenso weich. Andere tragen ihn nur im Herbst und Winter, mit Wildlederschuhen wie die Italiener, da sie meinen, dass die gröbere Struktur gut zu dieser Jahreszeit passt. Egal, zu welcher Gruppe ein Mann zählen mag, ein bis zwei Flanellanzüge gehören in jede gut bestückte Garderobe.

Schlichter Tweed

Es gab Zeiten, in denen Tweed oder Leinen nur am Wochenende getragen wurden. Der Arbeitsplatz erforderte edlere Stoffe. Heute ist es weltweit ausreichend, im Büro ein Jackett zu tragen. Ein Jackett aus grauem Donegal Tweed ist in jedem Fall viel schicker als ein Pullover. Daher sollten Sie wissen, wie man Tweed, Leinen und die verschiedenen Arten von Baumwolle trägt.

Tweed ist ein filziger oder rauer Wollstoff, der mit verschieden gefärbten Garnen gewebt wird. Tweed gibt es nicht nur als karierte Wolle, wie manche

Hersteller gern suggerieren. So sind die interessantesten Tweedstoffe nicht kariert, sondern zeichnen sich durch die Anzahl von kombinierten hellen Nuancen in einem feinen Grundton aus.

Harris Tweed stammt von der schottischen Insel Harris, allerdings wurde die Produktion seit der Übernahme von zwei Zwirnereien durch Brian Haggas vor ein paar Jahren stark gedrosselt. Harris Tweed hat in der Regel eine Grundfarbe, aber viele variierende Garne, woraus sich die genannten Nuancen ergeben.

Super-Zahl

Ein wichtiges Detail von Maßanzügen, mit dem sich Männer ähnlich wie mit echten Knopflöchern brüsten können, ist die Super-Zahl. Je höher die Zahl, desto exklusiver und teurer der Anzug.

Super 100 ist ein Maß für die Feinheit der verwendeten Wolle. Ursprünglich gab dieses Maß an, um wie viele Zentimeter Wolle gedehnt werden konnte. Super 100 entsprach einem Meter. Heute gibt die Zahl den Durchmesser der Wolle an und wird in Mikrometern gemessen.

Die meisten Anzüge in den Läden liegen zwischen Super 100 und 120. Höhere Zahlen sind glatter und weicher, jedoch meist nicht so strapazierfähig.

Als Faustregel gilt: Solange Ihre Garderobe nicht für jeden Tag des Monats einen Anzug enthält, bleiben Sie bei Super 100 bis 130.

Donegal Tweed aus der gleichnamigen Region in Irland hat dagegen größere Anteile einer zweiten Farbe, wie Gelb in Grün oder Weiß in Grau, und ist so weniger einheitlich gemustert. Beginnen Sie mit einem klassischen grünen Harris Tweed-Jackett: einreihig, abgeschrägte Taschen und drei Knöpfe. Im Stil der alten Reitjacke hat es oft einen recht hohen Taillenknopf und einen langen Mittelschlitz.

Für das Büro oder die Stadt eignen sich eher schlichtere oder konservativere Farben. Grauer, zartblauer oder dunkelgrüner Tweed ist ebenso chic wie manche Kammgarne – wenn der Schnitt gut ist und die eingewebten Garne nicht zu hell sind. Kammgarn-Sakkos können selten ohne die passende Hose getragen werden und ein Kaschmirblazer könnte zu auffällig sein. Ein eleganter Tweed ist in diesem Kontext die beste Wahl.

Leinen

Leinen gilt als König der Sommergarderobe – und das aus gutem Grund. Der Stoff nimmt die Feuchtigkeit der Haut auf und trocknet schnell. Das Gewebe ist lockerer als die meisten Woll- oder Baumwollstoffe und daher luftiger. Zudem knittert es bei höherem Gewicht nicht so schnell wie andere Materialien. Nehmen Sie 360 bis 400 Gramm, dann wirkt das Leinen immer relativ elegant.

Leinenanzüge haben oft die Farben Creme, Hellbraun oder Blau. Wenn Sie der Meinung sind, dass Hellbraun nur für Gartenpartys oder Stadtbummel angemessen sei, dann entscheiden Sie sich für Blau. Da Marineblau wie ein knittriger Geschäftsanzug wirken kann, empfiehlt sich ein hellerer Farbton.

Kaschmir

Kaschmir stammt aus dem Unterfell der mongolischen Ziege und wird vor dem Fellwechsel im Frühjahr herausgekämmt. Kaschmir ist feiner und weicher als übliche Wolle, sodass er sich besonders für einzelne Sakkos oder Mäntel eignet. Für einen ganzen Anzug wäre die weiche Kaschmirwolle zu schwer und zu schlecht formbar.

Alternative Möglichkeiten

Es gibt weitere, seltener verwendete Stoffe, die Sie vielleicht wählen wollen:

Mohair ist das Haar der Angoraziege, leicht und etwas glänzend. Das macht die Wolle sehr angenehm, aber auch auffällig. Mohairmischungen können alle Vorzüge vereinen.

Vikunja stammt von kleinen und seltenen kamelartigen Tieren. Es ist noch feiner als Kaschmir, sehr weich und leicht glänzend und wird daher für luxuriöse Mäntel verwendet.

Fresco ist ein patentiertes Kammwollgewebe, das glatt und leicht und daher für Sommeranzüge geeignet ist.

Gabardine ist ein dichter Twill aus Wolle, Baumwolle oder anderem Material. Er eignet sich für Hosen und ist im Sommer eine Alternative zum Leinen.

Hopsack ist ein lockeres Kammwollgewebe, das eine deutlichere Struktur hat und atmungsaktiv ist. Gut geeignet für Blazer.

Seersucker ist ein gerippter Baumwollstoff, der nur in den USA populär ist. Der Stoff eignet sich für Sommerjacken und sollte sonst vermieden werden.

Muster und Oberflächenstruktur

Wenn Sie Ihren ersten Maßanzug bestellen, sollte er schlicht sein. Form, Stil und Farbe beschäftigen Sie genug – belasten Sie sich nicht auch noch mit Mustern. Kammgarne sind außerdem selten gänzlich einfarbig. Nadelkopf- oder Fil-à-Fil-Muster beispielsweise werden von den meisten Männern als schlicht beschrieben, und auch manche Fischgrätenmuster sind so fein, dass Männer sie kaum wahrnehmen.

Eine leichte Oberflächenstruktur ist oft von Vorteil, sofern Sie nicht vollkommen glatt und glänzend aussehen möchten. Struktur macht Anzüge häufig interessanter und bildet einen schönen Kontrast zum Glanz einer Krawatte. Mit kleinen Mustern verhält es sich ähnlich. Das Fischgrätenmuster ist oft eine gute Wahl: Als eine Art gebrochenes Twill-Muster wirkt es immer kultiviert.

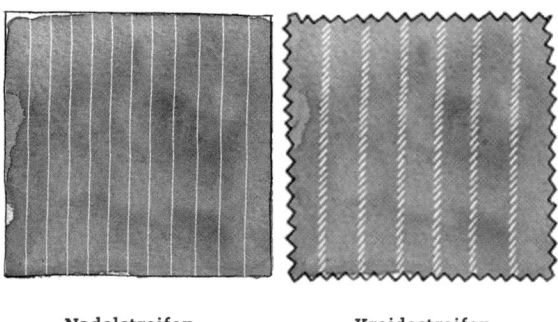

Nadelstreifen   **Kreidestreifen**

Schlicht und einfach: Lange Streifen

Das häufigste Streifen-Muster sind heute die Nadelstreifen: eine dünne, helle Linie, die mit dem Hintergrund kontrastiert. Achten Sie darauf, dass die Streifen nicht zu auffällig und zu weit auseinanderstehen, sonst wirkt der Stoff zu leger – zumindest für einen Businessanzug. Die Streifen sollten aber auch nicht zu eng sein, sonst wirken sie wie eine Oberflächenstruktur. Die Wahl ist also nicht ganz einfach.

Streifen sollten immer vertikal verlaufen und am hinteren Kragen und anderen Übergängen übereinstimmen. Sie strecken optisch und schmeicheln Männern mit kleinerem Wuchs. Solange sie nicht riesig sind, können auch größere Männer Streifen tragen. Beachten Sie jedoch, dass Männer durch Streifen eher größer als schlanker wirken.

Ein weiterer beliebter Streifen ist der Kreidestreifen. Er ist breiter und wird bei Flanell verwendet. Seine Linie wirkt leicht verschwommen, klassisch und bei einem mittelblauen Anzug mit gedeckten Accessoires sehr charaktervoll.

Glen Urquhart-Karo

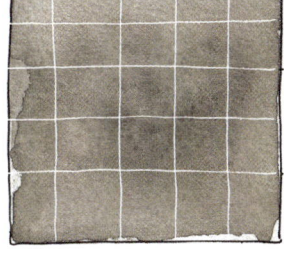

Fensterkaro

Karos

König des Karos ist das Glen Urquhart-Karo, das häufig schlicht als Glen-Karo bezeichnet wird. Bei diesem Karo überlappen mehrere Linien. Bekannt wurde es durch Edward VIII., damals noch Prince of Wales (ein Glen-Karo mit einem farbig abgesetzten Überkaro wird daher *Prince of Wales* genannt).

In blasser Ausführung wirkt das Glen Urquhart-Karo wie eine Oberflächenstruktur. In kräftigen Farben passt es zu altmodischer Sportkleidung, nicht aber zu einem Businessanzug. Der Unterschied liegt in dem den Hintergrund definierenden Graubeziehungsweise Blauton. Beginnen Sie mit Mittelgrau und experimentieren Sie.

Das Spannende am Glen-Stoff ist das Überkaro. Die einfache Linie folgt dem Unterkaro und verstärkt es durch eine kleine Farbnuance im Muster. Blau ist Standard, Hellgrün ist überraschend beliebt und sogar Pink tritt hin und wieder auf. Der Favorit ist jedoch dunkles Orange. Versuchen Sie es bei Ihrem fünften Anzug.

Auch wichtig ist das Fensterkaro. Das relativ einfache Muster mit einzelnen Linien kann in seiner Wirkung stark variieren – von zurückhaltend bis hin zu verwegen –, obwohl es immer weiß ist. Es ist schwieriger zu kombinieren als ein *Prince of Wales*. Beginnen Sie mit einem breiten blassen Fensterkaro auf dunkelgrauem Grund, vielleicht mit steigendem Revers, um den Stil aufzubrechen.

» Der Weg zum Maßanzug

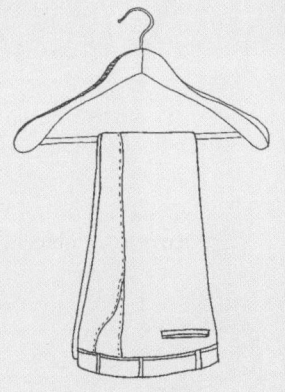

Die Qualität eines Anzugs beurteilen

Der Preis eines Konfektionsanzugs sagt weniger über seine Qualität aus als vielmehr über die Marktposition, die Marke und die weiteren Kosten eines Herstellers. Wenn Sie also in einem Laden die Qualität eines Anzugs genauer prüfen wollen, dann wählen Sie lieber eine der folgenden Methoden.

Pikierte Einlage

Zuerst sollten Sie unbedingt prüfen, ob die Einlage des Anzugs, die der Brustpartie Stabilität und Form verleiht, pikiert oder geklebt ist. Die Einlage besteht meist aus einer Schicht Rosshaar, Wolle, Steifleinen oder aus einer Kombination von

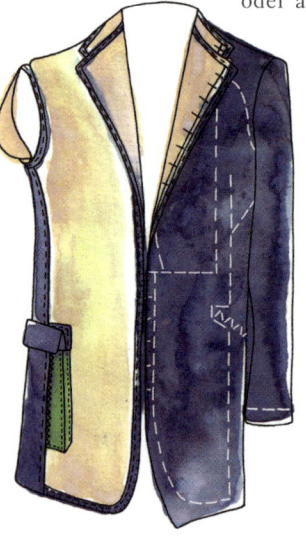

Materialien. Sie kann an die Innenseite des Anzugs angenäht (pikiert) oder angeklebt sein. Letzteres ist einfacher und billiger, doch passt sich die angeklebte Schicht weniger Ihrer Brustform an. Außerdem können sich bei Nässe unter dem Revers Blasen bilden.

» **Eine pikierte Einlage**
ist nur an den Kanten geheftet, sie ist flexibel und leicht formbar.

Um zu prüfen, ob die Einlage pikiert ist, halten Sie das Jackett am Taillenknopf und ziehen mit beiden Händen Oberstoff und Futter auseinander. Wenn Sie die Einlage dazwischen nicht fühlen können, ist sie an den Oberstoff angeklebt.

Armkugeln und Armlöcher

Prüfen Sie dann die Armlöcher. Für einen guten Sitz muss das Armloch klein und die Armkugel groß sein. So wird das Mittelstück des Jacketts bei Armbewegungen nicht gezerrt. Ein großes, lockeres Armloch zwingt Sie, mit Ihrem Arm das ganze Jackett zu bewegen. Eine größere Armkugel ermöglicht eine natürliche Form am oberen Ärmel und zwar trotz eines kleinen Armlochs. Wenn der Unterschied sehr groß ist, muss der Ärmel per Hand eingesetzt werden.

Ziehen Sie das Jackett an und prüfen Sie, wie eng der Stoff in der Achselhöhle anliegt. Bewegen Sie den Arm und kontrollieren Sie, wie stark das Mittelstück mitgezogen wird.

Handgenähte Details

Bei guten Anzügen sind die Knopflöcher handgenäht. Das ist ästhetisch, beeinflusst Langlebigkeit oder Tragekomfort jedoch nur unwesentlich. Allerdings ist es ein Zeichen für größere Sorgfalt beim Feinschliff.

Ein handgenähtes Knopfloch hat merklich größere Stiche an der Außenseite. Sie sind leichter zu erkennen und eventuell nicht ganz regelmäßig. Auf der Innenseite ist der Stich etwas gröber, während eine Maschinennaht auf beiden Seiten gleich ist.

Konfektionsgrößen

Entscheidend für den guten Sitz eines Konfektionsanzugs ist die Wahl der richtigen Größe. Größen
gibt es seit über 100 Jahren. Hart Schaffner & Marx
(weltweit bekannt als Schneider von Präsident
Barack Obama) waren die Ersten, die 1906 in ihren
Proportionen standardisierte Anzüge fertigten und
so allgemeine Größen einführten: groß, klein, beleibt
und dünn.

Standardisierte Größen

Das Größensystem für Konfektionsanzüge wurde
später anhand des Brustumfangs verfeinert. Im
Mittelpunkt der Standardgrößen steht immer das
Jackett. Die anderen Maße stehen im proportionalen
Verhältnis dazu. Denn während der Aufbau des
Jacketts recht kompliziert ist, lassen sich Hosen
wesentlich leichter anpassen. Heutzutage ist etwa
der Hosenbund eines Anzugs immer etwa zwölf
Zentimeter schmaler als der Brustumfang.

Wenn Sie einen Konfektionsanzug kaufen, dann
nehmen Sie sich Zeit für die Auswahl der richtigen
Größe. So werden Sie einen Anzug finden, der
nach Anpassung von zwei oder drei Details wirklich
gut sitzt. Auch wenn Sie nie ganz die Perfektion
der Passform eines Maßanzugs erreichen, werden
Sie dennoch einen Anzug haben, der besser sitzt
als bei 70 Prozent der männlichen Bevölkerung,
die sich niemals um Auswahl oder Änderungen
bemühen.

Einen Anzug anprobieren

Wenn Sie einen Konfektionsanzug kaufen möchten, dann müssen Sie bestimmte Teile des Anzugs anpassen lassen. Um zu wissen, was an einem Anzug geändert werden muss und damit einschätzen zu können, ob sich der Kauf tatsächlich lohnt, müssen Sie alle Aspekte der Passform beurteilen können. Diese Kriterien gelten übrigens ebenso für Maßanzüge.

Am kompliziertesten sind die Jacketts. Wie der Stoff über Ihren Rücken fällt, hängt von mehreren Faktoren ab: Der Winkel, in dem die Schulternähte zu Ihrer Schulterlinie stehen, beeinflusst den Sitz ebenso wie Ihre natürliche Körperhaltung und die Höhe des Taillenknopfes. Für einen guten Sitz reicht es also nicht, dass Sie das Jackett zuknöpfen und dabei noch atmen können.

Sitz in der Taille

Beginnen Sie mit der Taille. Schließen Sie nur den Taillenknopf (den mittleren bei dem 3-Knopf-Modell, den oberen bei dem 2-Knopf-Modell oder den einzelnen). Das ist der Angelpunkt des ganzen Jacketts, der Ankerpunkt für die Schultern, und er offenbart die Struktur des Jacketts.

Ziehen Sie leicht an dem Knopf und prüfen so den lockeren Sitz. Zweieinhalb bis fünf Zentimeter Luft sind gut. Der Knopf soll nicht spannen, wenn er geschlossen ist; er sollte aber auch nicht zu locker sitzen. Anders als beim Hemd öffnen Sie die Jackettknöpfe im Sitzen (außer beim Zweireiher), sodass die Taille des Jacketts recht eng anliegen kann.

» Größen variieren

Viele Marken und Designer optimieren ihre Standardgrößen jede Saison – meist anhand von Models, die
extra dafür ausgewählt werden. Da diese Standardgrößen häufig in *Long*, *Regular* oder *Short* gefertigt
werden, pro Marke etwa zwei oder drei Modelle auf
den Markt kommen und darüber hinaus viele verschiedene Marken existieren, stehen alles in allem
Hunderte von Standardgrößen zur Auswahl.

Darüber hinaus unterscheiden sich auch die Größen
von Submarken. Ralph Laurens *Black Label* war bei
der Einführung rund 18 Zentimeter schmaler, da
angenommen wurde, dass die Kunden athletischer
seien als die der Submarken *Polo* oder *Purple Label*.
Inzwischen wird beim Purple Label eine *Custom Fit*-
Kategorie mit noch schmaleren Modellen angeboten.

Die Größen variieren nicht nur von Marke zu Marke,
sondern auch zwischen den einzelnen Ländern. Als
der Anzughersteller GFT in Italien Anzuggrößen
einführte, gab es ein Desaster – er hatte die breiteren
amerikanischen Größen übernommen. Seitdem sind
italienische Standardgrößen schmaler geschnitten.

Längen prüfen

Als Nächstes prüfen Sie die Länge des Jacketts. Es gibt viele Methoden, die richtige Länge zu bestimmen, zum Beispiel sollte sie der Länge Ihrer Beininnenseiten entsprechen. Zwei einfach zu beantwortende Kriterien sind jedoch: Entspricht die Jackenlänge (von der Schulter bis zum Saum) etwa der halben Höhe des Anzugs (Schulter bis Hosensaum)? Und

Einen Anzug anprobieren

Die Nacken- » und die Schulterpartie sind essenziell für den Sitz des Anzugs.

Der Jackett- » ärmel sollte in der Mitte Ihrer Hand enden.

« Der Taillenknopf ist der Drehpunkt des Jacketts.

« Das Jackett sollte halb so lang sein wie der Anzug.

reicht die Jacke etwa bis zur Hälfte der Hand, sodass Sie Ihre Hand darunter einrollen könnten? Wenn beide Kriterien zutreffen, ist die Länge des Jacketts richtig.

Viele Kriterien unterliegen natürlich Geschmack und Mode. Vor einiger Zeit waren kürzere Jacketts modern, wie die in Eton getragenen, Stresemann-ähnlichen Jacketts, die an die 1960er Jahre erinnern. Dagegen spricht nichts – mithilfe der genannten Richtlinien können Sie aber zumindest zwischen Mode und Stil kompetent unterscheiden.

Die Jackettärmel sollten etwa an Ihrem Handgelenk enden, wo Ihre Hand abknickt. Wenn Ihr Hemd bis zum Daumenansatz reicht, dann sind so etwa ein bis anderthalb Zentimeter von der Manschette sichtbar (tragen Sie also möglichst ein gut sitzendes Hemd, wenn Sie einen Anzug anprobieren).

Nacken und Schulter

Das Wichtigste ist jedoch, dass das Jackett an Nacken und Schultern sitzt. Denn diese Partien sind schwierig zu ändern. Der Kragen sollte, wenn Sie natürlich stehen (nicht steif aufrecht wie bei einer Parade), glatt an Ihrem Nacken anliegen. Wenn er absteht, ist er zu weit und muss enger gemacht werden; wenn er spannt, muss er weiter gemacht werden.

Zu guter Letzt nun die Schultern: Sitzt das Jackett richtig, dann berührt der Ärmel gerade den Muskel Ihrer Schulter und fällt locker über den Arm. Ihre Schulter sollte den Stoff nicht ausbeulen, der Ärmel sollte aber auch nicht lose herunterhängen. Er sollte die Schulter leicht berühren.

Änderungsschneider

Wenn Sie mit Ihrem neuen Anzug zum Änderungs-schneider gehen, dann achten Sie darauf, dass es ein guter Schneider ist. Denn Änderungen können kompliziert sein.

Die Änderung der Länge und Bundweite von Hosen ist eher unkritisch. Diese fallen so oft an, dass jeder Schneider darin Übung hat. Außerdem sind sie einfach durchzuführen: Bei der Hosenlänge muss nicht einmal der Saum aufgetrennt werden; beim Hosenbund wird nur die rückseitige Bundnaht ein wenig geöffnet und wieder geschlossen.

Taillierung des Jacketts

Da die meisten Konfektionsanzüge weiter geschnitten sind als das durchschnittliche Maß, muss auch die Taillierung der Jacketts häufig angepasst werden. Bei dieser Änderung werden die Seitennähte des Jacketts und des Futters aufgetrennt. Wichtig ist, dass der Winkel der neuen Seitennähte zum Armloch und zu den Hüften hin gleichmäßig verläuft. Doch auch diese Änderung ist ein übliches Verfahren und technisch nicht sehr anspruchsvoll.

Jackettärmel

Die nächste Stufe auf der Schwierigkeitsskala ist das Kürzen der Jackettärmel. Die Ärmel können entweder am Handgelenk oder an der Schulter gekürzt werden. Ersteres ist leichter, jedoch nur möglich, wenn die am Ärmelbund angebrachten Knöpfe reine Zierde sind. Dann kann der Ärmel am Bund gekürzt und der unterste Knopf an das obere Ende der Knopf-reihe gesetzt werden. Lassen sich die Knöpfe am Ärmelbund jedoch öffnen, so muss der Ärmel an der Schulter gekürzt werden. Diese Änderung ist weitaus schwieriger, da der Ärmel herausgetrennt, gekürzt und wieder eingesetzt werden muss.

Insbesondere bei maßgefertigten oder hochwerti-gen italienischen Jacketts sollte die Kürzung des Ärmels an der Schulter gut überlegt sein. Bei beiden ist die Armkugel meist größer als das Ärmelloch, weswegen das Material beim Einsetzen der Ärmel gerafft werden muss. Damit sollte man nur Schneider betrauen, die ihr Handwerk verstehen.

Änderungen an Nacken und Schultern

Die Partien an Nacken und Schultern zu ändern ist dagegen eine gestalterische Arbeit. Hier geht es nicht darum, die Maße zu korrigieren, sondern den Anzug an Ihre Figur anzupassen, den Ärmel Ihrer Haltung entsprechend anzusetzen oder mit der Rückenpartie ein vorstehendes Schulterblatt zu kaschieren.

Kürzt ein Schneider etwa den Kragen, damit er bes-ser anliegt, oder versetzt er die Rückennähte, dann kann das die gesamte Passform und Symmetrie ändern. Zum Beispiel können Frontpartien auseinander-gezogen oder die Winkel der Ärmel ungünstig ver-ändert werden, sodass dadurch das Jackett von Ihrem Körper absteht.

Für einen guten Schneider ist das nicht schwierig. Aber wirklich gute Schneider sind selten. Daher soll-ten Sie – wie schon gesagt – beim Kauf besonders darauf achten, dass Ihr Anzug von der Stange im Nacken und an den Schultern gut sitzt.

Maßkonfektion

Ein Maßkonfektionsanzug sitzt immer besser als ein Anzug von der Stange, da er besser an Ihre Figur angepasst werden kann. Schräg verlaufende Schultern, wenn Ihre abfallen; die Hose schmal, wenn sie enger sitzen soll; sogar die Ärmel können bei einem hervortretenden Bizeps geweitet werden. Auch wenn die Passform einer ausladenden Hüfte, einem leicht vorstehenden Schulterblatt oder einer nach vorn oder seitlich neigenden Haltung nicht gerecht wird, so kann der Anzug dennoch sehr gut sitzen. Er sitzt wahrscheinlich besser als 95 Prozent aller anderen Anzüge. Er ist nicht wirklich maßgefertigt, aber das Ergebnis ist bemerkenswert gut.

Individualisierung

Maßkonfektion: Sie gibt Ihnen die Möglichkeit, das Design zu individualisieren. Während viele Kunden zunächst die bessere Passform eines Maßkonfektionsanzugs schätzen, finden sie meist schnell Gefallen an den Gestaltungsmöglichkeiten, die dem Anzug eine persönliche Note verleihen.

Bei der Maßkonfektion können Sie häufig die Farbe und Art des Stoffes, das Material der Knöpfe, die Form des Revers und die Farbe des Futters selber wählen. Sie bestimmen die Anzahl der Taschen, Schlitze und Falten, außerdem Aufschläge, Brustpartie und Knopfreihe. Wenn man sich für Männermode begeistert, ist das sehr verlockend.

Wachsende Popularität

Maßkonfektion wurde in den letzten Jahren immer beliebter. Viele bekannte Marken, bei denen Sie es nicht vermuten würden, bieten sie an und partizipieren damit an der steigenden Wertschätzung von Qualität und Handwerk. Männer interessieren sich wieder für den Sitz ihres Jacketts und wollen mehr als den Standard. Mit Maßkonfektion können die Marken ihren Kunden – trotz gleicher Stoffe, Schnitte und derselben Fabriken – einen hohen Mehrwert bieten. Für die Produktion ist kaum zusätzliches Personal erforderlich, nur beim richtigen Maßnehmen braucht es Fachkompetenz (ein Schwachpunkt bei vielen Marken; wenn Sie schon einmal einen Maßkonfektionsanzug bestellt haben, bei dem Sie – eventuell auch mithilfe eines Freundes – selber Maß nehmen mussten, dann kennen Sie das Problem).

Markentreue

Neue Hersteller und Marken sind ein Risiko – Männer bleiben Altbekanntem gerne treu. Bietet Ihre bevorzugte Marke Maßkonfektion, so haben Sie den Vorteil, von Ihnen gewünschte Stile und Schnitte bestellen zu können. Die englische Marke Reiss hat zum Beispiel sehr markante Anzüge: schmale, moderne Schnitte meist in einem Mohair-Mix oder mit subtilen Details in Flanell. Seit 2010 bietet Reiss Maßkonfektion, die 60 Prozent teurer ist als die Konfektionsware. Für Kunden, die ihre Garderobe aufwerten, im Gegensatz zum Maßanzug aber lediglich eine Wartezeit von vier statt acht Wochen in Kauf nehmen und gleichzeitig den gewohnten Stil beibehalten möchten, ist die Maßkonfektion ideal.

054

» Schneiderarbeit muss nicht immer Maßarbeit sein

Konfektionskleidung macht den Hauptanteil unseres Geschäfts aus. Trotzdem sind alle Knopflöcher unserer Hemden handgesäumt, die Krageneinlagen nicht fixiert und Futterstoffe innen sichtbar; alle Nähte werden von Hand genäht – mit Ausnahme der Kragenspitze, die maschinell genäht einfach spitzer ist.

Auch bei unseren Jacketts werden alle Nähte mit Ausnahme der Mittelnaht im Rücken handgenäht. Handstiche gestatten mehr Bewegungsfreiheit. Das ist insbesondere am Nacken, an den Schultern und am Armloch wichtig, wo sich Arme und Hals im Stoff bewegen. Das Armloch unserer Jacketts, das im Vergleich zu Standardware etwa 30 Prozent kleiner ist, wird mit einer gehefteten Einlage verstärkt, sodass die hemdartige neapolitanische Schulter beim Bügeln nicht ihre Form verliert. Außerdem haben unsere Jacketts an den Kanten Steppnähte, um das Volumen zu betonen. Das keine Maßarbeit, trotzdem aber wirkliche Schneiderkunst – das ist ein großer Unterschied.

Konfektions- und Maßkonfektionsschneider

Es gibt einige sehr gute Konfektionsschneider. Sie leisten hervorragende Arbeit in puncto Design und Material – Bereiche, in denen es für Maßschneider durchaus schwierig ist, mit den Topdesignern zu konkurrieren. Jedoch würde ich Ihnen immer raten – sofern die Ästhetik nicht Ihr einziges Interesse ist –, die Laufstegdesigner zu meiden. Was die Fertigung betrifft, bekommen Sie dort am wenigsten für Ihr Geld.

Zu den guten Konfektionsschneidern zählen Kiton, Brioni und Tom Ford. Alle sind sehr teuer, aber die Qualität ist sehr gut. Kleiner Tipp: Diese Marken nutzen für ihre Ware oft dieselben Zwirnereien wie Maßschneider. Finden Sie heraus, welche Zwirnereien und welche ihrer Produktlinien dies sind. Sie sind vielleicht nicht exakt dieselben, aber sehr nah dran. Dann können Sie sich einen entsprechenden Maßanzug fertigen lassen.

Die Anzahl der im Folgenden aufgeführten Marken mag klein erscheinen. Wenn Sie aber die Modemarken, bei denen der Preis nicht der Qualität entspricht, beiseitelassen, bleiben nur wenige gute übrig. Wenn ich die Liste eingrenzen und für meine eigene Garderobe einkaufen sollte, würde ich ein Sommerjackett von Rubinacci, einen Blazer von Loro Piana und einen Smoking von Tom Ford wählen. Von Ralph Lauren würde ich mich inspirieren lassen.

Brioni

Flagship Store: 50 Via Barberini, Rom

+39 06 4620 161, www.brioni.com

Brioni hat Filialen in London, Tokio, New York und in einigen anderen Städten außerhalb Italiens. Das italienische Luxushaus hat *James Bond* eingekleidet und ist wahrlich keine Adresse für Zaghafte. Die Preise für Anzüge übersteigen das durchschnittliche Niveau der Savile Row von etwa 3.500 Euro. Die Qualität der Verarbeitung ist sehr hoch, viele Details wie Knopflöcher sind handgenäht, Kragen und Ärmel werden von Hand eingesetzt. Der Grad der Handarbeit ist jedoch nie so hoch wie bei Maßschneidern. Brioni und ähnliche italienische Häuser wie Kiton rühmen sich stattdessen, die hochwertigsten und luxuriösesten Materialien einzusetzen.

Kiton

Flagship Store und Showroom:
11 Via Gesu, Mailand

+39 02 7639 0240, www.kiton.it

Kiton ist außerhalb Italiens weniger bekannt als Brioni, aber ebenso luxuriös und teuer. Der Stil dieses Spezialisten für sehr leichtes Kammgarn und feinen Kaschmir ist typisch neapolitanisch: weich fallende, üppige Jacketts mit weniger stark betonter Form; die Schultern sind natürlich und oft eingesetzt (der Ärmel setzt wie beim Hemd unterhalb der Schulter an). Das Design steht im Kontrast zu der klassisch römischen Form von Brioni. Kiton ist bekannt für strahlende Farben im Sommer sowie Stoff- und Farbtonexperimente. Geschäfte finden Sie in elf

Ländern; in Deutschland in München, Düsseldorf, Hamburg und Köln.

Tom Ford

Flagship Store: 845 Madison Avenue, New York

+1 212 359 0300, www.tomford.com

Le Snob TIPP Die wichtigste neue Adresse für luxuriöse Männermode der letzten 20 Jahre. Als Tom Ford sein gleichnamiges Label nach seinem Weggang von Gucci gründete, wurde er schnell bekannt dafür, nach der bestmöglichen Qualität von Stoffen und Fertigungstechniken zu forschen – von der einteiligen Lederjacke bis zu manuell zugeschnittenen Anzügen. Die Preise sind ambitioniert und die Schnitte nicht für jeden geeignet – maskulin, breite Schultern, große Revers. Auch die Muster sind extrem – Qualität, Einsatz von Farbe und Ton sind jedoch exzellent. Tom Ford ist außerdem die Adresse für einen Smoking. Geschäfte finden Sie weltweit in steigender Zahl.

Tom Ford »
Klassischer
Smoking

Loro Piana

Flagship Store: 27C Via Montenapoleone, Mailand

+39 02 777 2901, www.loropiana.com

Le Snob TIPP Luxuriöse Freizeitkleidung für den Italiener. Loro Piana ist berühmt für Kaschmir und bot als erstes Haus weltweit vor einigen Jahren Babykaschmir an, der bei jungen Ziegen in ihrem ersten Frühjahr gekämmt wird und eine kleine Menge an Wolle ergibt, die zwei Mikrometer feiner ist als üblicher Kaschmir. Wie Zegna hat sich Loro Piana für den Schutz von Vikunja-Kamelen in Südamerika eingesetzt. Das Haus fertigt Strick und Blazer sowie alle Arten von Kleidung und Accessoires (und eigene Stoffe für Schneider, mindestens so fein wie Zegna). Das *Storm System*-Label in einigen Artikeln kennzeichnet wind- und wasserfeste Kleidung und ist ein Patent von Loro Piana, das auch von anderen Marken genutzt wird. Mehrere Dutzend Geschäfte weltweit.

« **Loro Piana** Blazer aus Babykaschmir

Ermenegildo Zegna

Flagship Store: 27E Via Montenapoleone, Mailand

+39 02 7600 6437, www.zegna.com

Als Tuchmacher ist Zegna weltweit praktisch unübertroffen. So erzielt das Unternehmen auch den größten Teil seines Umsatzes mit Stofflieferungen an andere Häuser sowie mit der Fertigung von Anzügen aus diesen Stoffen für andere Hersteller, wie etwa für Tom Ford. Das Angebot im Einzelhandel ist breit gefächert. Am unteren Ende konkurriert es mit *Canali* und *Corneliani*, am oberen Ende ist die Ware mit den großen italienischen Häusern der Handarbeit vergleichbar. Achten Sie darauf, was Sie kaufen. Läden finden Sie weltweit in jeder größeren Stadt.

Rubinacci

Flagship Store: 26 Via Filangieri, Neapel

+39 081 415 793, www.marianorubinacci.net

Le Snob TIPP Ein neapolitanisches Haus, das für seinen Umgang mit Farbe berühmt wurde. Maßgeblich dafür waren vor allem die regelmäßigen Auftritte von Luca Rubinacci (Sprössling der Familie in dritter Generation) in Scott Schumans Blog *The Sartorialist*. Rubinacci bietet Maßanzüge und macht sich seit Neuerem auch bei Accessoires und im Bereich Konfektionsware einen Namen – anders als bei Kiton und Brioni, bei denen Maßkleidung der geringere Geschäftsanteil und Konfektionsware die Hauptaktivität ist. Geschäfte finden Sie auch in New York, London, Tokio, Rom und Mailand.

Ralph Lauren

Flagship Store: Rhinelander Mansion,
867 Madison Avenue, New York

+1 212 606 2100, www.ralphlauren.com

Der konsequenteste Vertreter des klassischen amerikanischen Stils aller Zeiten. Als klassisch amerikanisch bezeichnen wir alles Englische mit einem Touch amerikanischer Inspiration. Polo, aber mit der Arroganz von Long-Island. Auch bei Ralph Lauren ist die Qualität oft sehr hoch. Selbst Polo-Anzüge haben lose Futternähte, was bei anderen Anzügen der Mittelklasse nicht oft zu finden ist. Wie bei Zegna ist das Angebot im Handel vielseitig. Beachten Sie aber die Unterschiede zwischen den Marken Polo, Black Label und Purple Label. Vor allem das Purple Label ist, wonach Sie Ausschau halten sollten. Geschäfte finden Sie weltweit – aufgrund ihrer Vielzahl sicherlich ohne Probleme.

» Die Fertigung des Maßanzugs

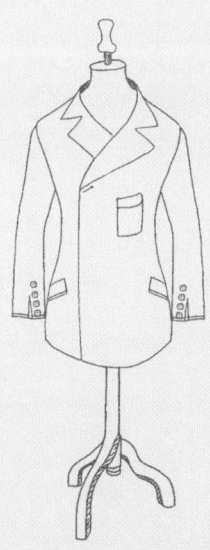

Maßnehmen

Kleidung von einem Schneider anfertigen zu lassen kann frustrierend sein. Denn die Wahrheit ist: Die wenigsten von uns sind gute Designer. Daher ist das Angebot im Laden so reizvoll: Man durchstöbert Designs und lässt sich von schönen Dingen inspirieren.

Wenn Sie jedoch über Material, Stil und Muster Bescheid wissen, haben Sie eine bessere Ausgangssituation. Sie wissen, wie viele Knöpfe Ihr Jackett haben soll und warum, welche Wolle und welches Gewicht. Dann bleibt nur der Entstehungsprozess selbst. Meistern Sie ihn, und Ihre Maßanfertigung wird ebenso gut wie der Anzug im Laden, nach zwei bis drei Versuchen sogar besser.

Erste Schritte

Gewöhnlich bespricht der Schneider zunächst das Material, bevor er zum Maßband greift. Details wie Taschen und Knöpfe kommen später, erst verschafft er sich einen Eindruck, welchen Stil und welches Gewicht Sie wünschen. Denn ein Norfolk-Jackett sitzt anders als ein schmales, marineblaues aus Kammgarn.

Dann wird Maß genommen. Die Anzahl der Maße kann verwirrend sein. Für die Hose benötigt er zum Beispiel Innen- und Außenmaß an beiden Beinen, Taille, Hüfte und Gesäß, schließlich Oberschenkel, Knie und Aufschlag. Das Jackett ist noch viel komplizierter. Stehen Sie einfach still und lassen ihn seine Arbeit machen. Doch behalten Sie einige Punkte im Hinterkopf.

Weise Worte

Patrick Murphy, Head Cutter,
Huntsman, UK

» Ihr erster Maßanzug

Tragen Sie bei Ihrem ersten Besuch bei einem Maßschneider einen Anzug, in dem Sie sich wohlfühlen.
Ihr Lieblingsanzug vermittelt dem Schneider einen
Eindruck von Passform und Stil. Wenn Sie einen
bestimmten Stil im Kopf haben, bringen Sie ein Foto
oder einen früheren Anzug als Referenz mit. Als
Erstes wird dann der richtige Stoff ausgewählt. Er ist
abhängig von der gewünschten Funktion des Anzugs.

Seien Sie im Gespräch mit dem Cutter ehrlich.
Denn im Dialog vermitteln Sie ihm Ihre Bedürfnisse,
entspannen sich und zeigen Ihre natürliche Haltung,
was der Cutter diskret notiert. Bei der ersten Anprobe
ist Kommunikation noch wichtiger. Die Details des
Anzugs werden festgelegt, und der individuelle Stil
des Kunden wird auf das geheftete Modell übertragen. Dies ist der Moment, um alle Bedenken und
Zweifel bei Details von Passform oder Design zu
äußern.

Natürliche Haltung

Erstens: Stehen Sie stets natürlich. Eine der größten Fertigkeiten des Schneiders ist, dass er die Rückenteile entsprechend Ihrer Haltung zusammensetzt, sodass sie glatt über den Rücken fallen, an den Schultern gleichmäßig und am Hals gut anliegen. Kein Anzug von der Stange tut das. Er ist am Nacken und an den Schultern immer etwas zu eng oder zu weit. Konfektionsanzüge werden für eine Durchschnittshaltung gefertigt.

Aber niemand hat eine Durchschnittsfigur. Jeder hat eine leicht nach vorn, hinten oder zur Seite gebeugte Haltung oder leicht abfallende Schultern. Verbergen Sie das nicht vor Ihrem Schneider, stehen Sie ganz natürlich, entspannen Sie sich. Bewegen Sie Arme und Nacken, atmen Sie ein und aus. Und bewahren Sie diese Haltung für etwa 15 Minuten.

Sprechen Sie mit Ihrem Schneider

Zweitens: Sprechen Sie Details an, die der Schneider nicht sehen kann. Wie lang sollen Ihre Ärmel sein? Tragen Sie am besten ein gut sitzendes Hemd, dann kann er sich an der Manschette orientieren. Wie lang soll die Hose sein? Tragen Sie eine Hose, mit der sie zufrieden sind.

Das Schöne bei einem Maßanzug ist, dass Sie mindestens drei weitere Gelegenheiten haben, sich zur Enge oder Weite zu äußern. Es wird Ihnen leichter fallen, wenn das Jackett vorhanden und nicht mehr abstrakt ist. Geben Sie dem Schneider beim Maßnehmen grobe Hinweise. Brummen Sie zustimmend, zucken Sie mit den Achseln oder runzeln Sie die Stirn, der Schneider wird Sie verstehen.

Die erste Anprobe

Die nächste Stufe ist die erste Anprobe, auch *Basted Fitting* genannt. Sie kann drei Wochen oder zwei Monate nach dem ersten Termin stattfinden, je nachdem wie Ihr Schneider arbeitet und – offen gesagt – wie er mit neuen Aufträgen umgeht. Einige arbeiten länger, wenn mehr Arbeit da ist, andere stellen Personal ein, wieder andere verschieben die Anproben.

In diesen drei Wochen schneidet der Cutter, der Maß genommen hat, die entsprechenden Papiermuster für das Muster Ihres Anzugs: Vorder- und Rückseite, Ärmel, Kragen und Hose. Den Stoff schneidet er dann zu, indem er ein Muster auf zwei Stoffschichten legt, oder er übergibt den Zuschnitt an einen *Striker* beziehungsweise Untercutter.

Anschließend näht ein Heftschneider alle Teile grob zusammen. Nicht die Naht ist grob, sondern die Stiche

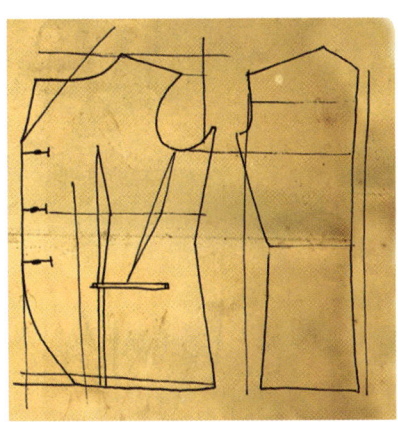

« **Papiermuster**
für ein Anzug-
jackett

sind lang und lose, damit sie nach der ersten Anprobe aufgetrennt und der Schnitt des Stoffes angepasst werden kann.

Während der Anprobe

Ein geheftetes Jackett fühlt sich merkwürdig an und ähnelt dem gewünschten Anzug nur wenig. Es hat keine Struktur, überall weiße Nähte und – was Sie vermutlich am meisten verwirrt – nur einen Arm. Keine Panik, bei der ersten Anprobe geht es um die Passform, nicht um den Stil.

Ein guter Schneider verbringt die meiste Zeit damit, zu betrachten und Notizen zu machen. Er stellt wenige Fragen, analysiert den Fall des Stoffes am Rücken, korrigiert den Sitz der Schultern, die Stoffmenge unterm Arm oder die Höhe des Kragens. Änderungen werden mit Kreide markiert, damit sie später mit der Schere ausgeführt werden können.

Beurteilen Sie die Passform aus Ihrer Sicht so gut wie möglich. Ist der Ärmel zu lang oder zu kurz? Fühlen sich die Frontseiten, die der Schneider an der Taille mit Nadeln geschlossen hat, zu eng oder zu weit an? Bewegen Sie sich ein bisschen (wenn er nicht gerade mit Nadeln oder Kreide hantiert). Das Jackett sollte bequem sein – auch wenn Sie laufen oder sich strecken.

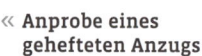

« **Anprobe eines
gehefteten Anzugs**

Der geheftete Anzug

Der Aufbau eines Anzugs ist am besten im gehefteten Zustand nachvollziehbar. Für die erste Anprobe werden die einzelnen Teile des Jacketts – zwei Rückenteile, zwei Vorderteile, Kragen, vorderer und hinterer Ärmel – lose zusammengeheftet, damit der Schneider die Passform beurteilen und Änderungen vornehmen kann.

Zu den äußeren Teilen kommt das Futter in Korpus und Ärmeln. Es besteht heute meist aus Bemberg (Rayon) oder Emerzine (Viskose), wodurch der Träger das Jackett leichter an- und ausziehen kann. Das ist sein einziger Zweck, auch wenn es darüber hinaus geringfügig wärmt und strukturiert. Das Ärmelfutter ist meist weiß mit farbigen Streifen, unabhängig von den Streifen des Korpus. Einige Schneider verwenden stets hauseigene Futterstoffe für den Ärmel als Kennzeichen ihrer Arbeit.

Einlagen

Wenn Männer (und ihre Schneider) über unstrukturierte Anzüge sprechen, meinen sie damit einerseits wenig Futterstoff im Jackett, andererseits wenig interne Struktur im Brustbereich.

Die Brustpartie kann eine Einlage mit ein, zwei oder drei Schichten Filz, Wolle, Baumwolle oder Rosshaar in verschiedener Kombination enthalten. Ein typischer englischer Anzug hat eine Schicht Rosshaar unter dem gesamten Vorderteil und eine Schicht Filz in dessen oberer Hälfte. Beide werden locker mit

Heftstichen zusammengenäht und ebenfalls locker, aber sicher an den Kanten fixiert.

Eine gute Einlage ist flexibel, dehnbar und leicht formbar. Beim Tragen nimmt sie eine dreidimensionale Form an, sie passt sich Ihrem Brustkorb so perfekt an, wie kein Schneider sie je modellieren könnte. Dies ist einer der Gründe, warum Ihr Jackett sorgfältig gehängt, gebügelt und gepackt werden sollte.

Wenn Filz und Rosshaar nur an den Kanten vernäht sind, „schwimmen" sie im Anzug. Eine solche pikierte Einlage (auch *Floating Canvas*) gilt als Gütezeichen für hochwertige Anzüge. Bei billigeren Waren wird die Einlage auf das Vorderteil geklebt, sodass sie sich schlechter bewegen und formen kann.

Variationen in der Struktur

Die Form eines Jacketts kann durch mehrere Schichten und verschiedene Materialien verstärkt werden (siehe Seite 42). Andererseits kann sie durch Weglassen der Einlage oder geringeres Volumen auch reduziert werden. Ungefütterte Anzüge haben im Gegensatz zu halb gefütterten gar keine Einlage. Selbst voll gefütterte Jacketts haben manchmal Einlagen, die nur bis zur Taille hinab reichen – denn so wiegen sie weniger und sind atmungsaktiver.

Auch Mäntel sind heute selten bis zum Saum voll gefüttert. Daher sind altmodische Mäntel oft so viel schwerer. Dafür halten sie den Wind sehr viel besser ab.

Andere Strukturelemente

Zu den weiteren Strukturelementen des Anzugs zählen Kragen und Schultern. Der Kragen hat wie die Brustpartie eine Einlage (etwa aus einer Schicht

Steifleinen oder Melton), die lose verbunden und an der Kragenrückseite fixiert ist. Die Schultern werden unterschiedlich gefertigt, doch für sie gilt meistens dasselbe Prinzip wie für die Brustpartie. Anzüge im Stil von Anderson & Sheppard haben kleinere Schulterpolster, und das Material ist weicher und voluminöser.

Auch die Einlage am Ärmelansatz (die Schulter des Anzugs jenseits der Schulternaht) kann variieren. Eine stärkere Wattierung bildet eine höherstehende, betonte Schulter, die so wirkt, als verliefe ein Seil um die Schulter. Extrem wattierte Modelle können den Eindruck einer Pagode hervorrufen, die vom eigentlichen Verlauf der Schulter des Trägers vollkommen losgelöst ist.

Anzug mit reduzierter Struktur

Als Giorgio Armani in den späten 70ern mit viel Erfolg die Struktur des Anzugs reduzierte, verringerte er Gewicht und Größe der Einlage. Der ganze Anzug wirkte dadurch lässiger. Viele italienische Schneider folgten dem Prinzip, da Anzüge so bei höheren Temperaturen angenehmer zu tragen sind. Heute haben die meisten italienischen Anzüge weniger Strukturmaterial. Das Volumen und die Dehnbarkeit der Einlage lassen sich übrigens leicht feststellen. Greifen Sie einfach das Vorderteil an der Außen- und Innenseite und befühlen die Schicht dazwischen.

Im Detail

Wie innere Schichten den
Charakter eines Anzuges
beeinflussen

» Soft vs. formbetont

Schneider wie Anderson & Sheppard in der Old Burlington Street verwenden zwei Schichten leichterer
Wolle oder Baumwolle, damit die Anzüge weicher
sind. Der ähnlich angesehene Huntsman in der Savile
Row ist hingegen für eine betontere Form bekannt
und benutzt dickere Einlagen.

Verfechter des ersten Ansatzes, des sogenannten Soft-
Looks (einschließlich Steven Hitchcock, Sohn des
Head Cutters John Hitchcock bei A&S, und der frühere
A&S-Cutter Thomas Mahon), betonen den Trage-
komfort ihrer Anzüge. Verfechter des zweiten Ansatzes
(darunter der frühere Head Cutter von Huntsman
Richard Anderson und auch Norton & Sons) sagen,
die Form ihrer Anzüge sei schmeichelhafter.

Die Entscheidung für das eine oder das andere ist im
Grunde eine Frage des Geschmacks. Jeder hat die
Möglichkeit, in den Läden zum Vergleich Standard-
modelle anzuprobieren oder zumindest anzusehen.
(Huntsman bietet auch Konfektionsware an, deren
Modelle anprobiert werden können.)

Die zweite Anprobe

Bei der zweiten Anprobe, auch als *Forward Fitting* bezeichnet, werden vor allem Knöpfe und Knopflöcher fehlen. Denn alle Änderungen, die in dieser Phase durchgeführt werden, sind viel einfacher, wenn noch keine Knopflöcher geschnitten wurden. Ein Ärmel zum Beispiel kann dann noch am unteren Ende gekürzt werden. Wenn die Knopflöcher schon genäht wären, müsste der Ärmel an der Schulter herausgetrennt und gekürzt werden.

Bei dieser Anprobe sehen Sie Ihren Anzug zum ersten Mal in der annähernd fertigen Form. Sie sehen, wie das Design wirkt, wie er an Nacken und Brust sitzt und wie viel Platz für die Krawatte bleibt.

Die Passform beurteilen

Betrachten Sie den Anzug von oben bis unten. Gefällt Ihnen die Länge des Jacketts? Sind Höhe und Form der Taschen richtig? Sitzt die Taille eng genug oder beengt sie das Hemd? Diese Anprobe dient dazu, Änderungen am fertigen Anzug zu vermeiden, sodass sich der Schneider in dieser Phase über jeden Ihrer Wünsche freuen sollte.

Wichtiger als das Design ist natürlich, dass der Schneider die Passform optimiert, wie die Balance der Schultern oder die Taillenlinie. Änderungen sollten minimal und endgültig sein. Ihr Papiermuster wird entsprechend geändert, sodass folgende Anzüge über die Zeit hinweg bereits nach dem Zuschnitt perfekt sitzen und Sie auf mindestens eine Anprobe verzichten können (siehe Seite 75).

Letzte Änderungen

Einige Wochen später sollte der Anzug fertig sein. Betrachten Sie auch dies als Anprobe, vor allem wenn es der erste Anzug von diesem Schneider ist. Erwarten Sie nicht, mit Ihrem Anzug nach Hause zu gehen. Äußern Sie kleine Wünsche besser sofort, dann müssen Sie nicht eine Woche später mit dem Anzug wieder zurückkommen.

Häufig muss zu diesem Zeitpunkt noch die Länge der Ärmel oder der Hose geändert werden, da beide oft durch vorherige Änderungen nach der zweiten Anprobe beeinflusst worden sind. Und beide Längen sind entscheidend für den guten Sitz eines Anzugs.

Der fertige Anzug

Nach einer oder zwei weiteren Wochen sollte der Anzug abholbereit sein. Doch auch das ist nicht das Ende der Arbeit. Beim Tragen passt sich das Jackett Ihrer Figur an und bewegt sich, bis es am Kragen natürlich sitzt. Der Kragen kann nach fünf oder sechs Ausflügen durchaus auch etwas eng oder weit werden. Das ist kein Fehler des Schneiders. Er kann nicht wissen, wie sich der Anzug verhält, wenn Sie ihn tragen.

Gehen Sie zurück und lassen Sie diese kleinen Dinge korrigieren. Und denken Sie bei Ihrem nächsten Anzug daran. Der Weg bis zur Perfektion kann lang sein, doch die Schritte werden immer kleiner.

Weise Worte

John Hitchcock, Head Cutter,
Anderson & Sheppard, UK

» Was ist Soft-Tailoring?

Beim Soft-Tailoring oder Soft-Look wird auf den Komfort geachtet, ohne dabei stilistische Opfer zu bringen. Schulterpolster und Brusteinlage sind leichter, sodass die Schulterform schräger und somit natürlicher und die Brustpartie weniger steif ist. Trotzdem bleiben alle Vorzüge eines Anzuges mit vollständigen Einlagen erhalten.

Die Taillenlinie verläuft gerade und schlicht. Der Stoff wird an Brustkorb und Schulterblättern drapiert. So entsteht Flexibilität ohne zusätzliches Volumen. Ein kleines Armloch mit breiter Armkugel sorgt für den richtigen Sitz von Brust- und Nackenpartie, während sich die Arme natürlich bewegen können. Der Tragekomfort ist hoch.

Ein Beweis für den Komfort ist, dass ich selbst und die anderen Cutter und Mitarbeiter von Anderson & Sheppard den ganzen Tag darin arbeiten. Wie sollte man einem Schneider vertrauen, der nicht seine eigene Arbeit trägt?

Ein Jackett im Soft-Look bewahrt sowohl die Form als auch die Eleganz jedes anderen Anzugjacketts. Eine Strickjacke hingegen nicht.

Weitere Anzugbestellungen

Wenn Sie mehrere, im Stil ähnliche Anzüge bei einem Schneider bestellt haben, können Sie den Entstehungsprozess des Maßanzugs beschleunigen und auf eine der Anproben verzichten. Diese Zeitersparnis ist ein willkommener nächster Schritt und wird möglich, sobald Sie mit dem Schnitt zufrieden sind, den Sie mit Ihrem Schneider erarbeitet haben. Zu diesem Zeitpunkt wird das Papiermuster, zum Beispiel für Ihr einreihiges Jackett, ausgereift sein. Die Balance stimmt, die Ärmel haben die richtige Länge, und Details wie die Höhe des Taillenknopfes wurden festgelegt.

Auf eine Anprobe verzichten?

Wenn Sie auf die erste Anprobe verzichten, kann der Cutter den Stoff sofort zum Jackettmacher schicken, ohne dass er auf eine Anprobe mit Ihnen warten muss. Auch die Zeit für das Heften des Jacketts wird eingespart (etwa ein halber Tag). Wenn Sie auf die zweite verzichten, muss der Jackettmacher das Jackett nicht zurückschicken, die Zeitersparnis ist also etwas größer: zwei Mal keine Terminabsprache mit Ihnen und kein Verschicken des Jacketts.

Passform oder Design

Welche Anprobe Sie weglassen, richtet sich auch danach, ob Sie mehr Vertrauen in die Passform oder in das Design des Jacketts haben. Bei der ersten Anprobe steht die Balance im Mittelpunkt. Ihr Schneider nutzt sie, um Form und Schnitt zu optimieren. Auch bei der zweiten Anprobe wird auf den

≫ Die Überlegenheit von Handarbeit

Der beste Maßanzug wird ausschließlich mit der Hand genäht. Das erlaubt Flexibilität und Sorgfalt bei wichtigen Details. Wenn das Futter von Hand eingenäht wird, bewegt es sich mit, ohne den Oberstoff zu stören, sodass Ihre Silhouette elegant und klar bleibt. Ob das Futter manuell eingenäht wurde, erkennen Sie an der Stelle, an der es an den rückseitigen Saum stößt. Maschinenstiche sind fest, eng und sehr regelmäßig. Auch manuelle Stiche sind regelmäßig, sie haben jedoch kleine Abweichungen und größere Lücken. Auch die Schulternaht gewinnt durch Handarbeit, da sie sich leicht dehnt, wenn Sie sich bewegen oder strecken. Bei Handarbeit kann der Schneider bei Bedarf außerdem Seidengarn verwenden. Es ist fester als das Baumwollgarn der Nähmaschinen.

Schließlich kann eine breite Armkugel per Hand in ein kleines Armloch eingesetzt werden. Ein Mann kann seine Arme dann frei bewegen, ohne den Sitz des Anzugs zu beeinträchtigen.

Sitz geachtet, doch erstmals sehen Sie jetzt das Design im fast fertigen Zustand. Der Verlauf des Revers kann geändert, die Knöpfe können verschoben und Fehler korrigiert werden.

Vielleicht sind Sie nicht schlecht im Designen von Anzügen, doch erkennen Sie an, dass Ihr Schneider für die richtige Passform sorgt. Sie haben vielleicht ein Dutzend entworfen, er hat Hunderte gefertigt. Wenn Sie also auf eine Anprobe verzichten wollen, verzichten Sie auf die erste.

EINZIGARTIG » EXKLUSIV » ULTIMATIV **Snob**

Die Kappnaht Kappnähte sind nicht mehr ganz zeitgemäß, doch unter Maßschneidern haben sie nach wie vor einige Anhänger. Ursprünglich sollten sie einer Naht mehr Festigkeit verleihen. Heute werden sie hingegen aus stilistischen Gründen verwendet, beispielsweise um am Bein die Seitennähte einer Hose zu betonen.
Bei einer Kappnaht wird der Stoff in einem kleinen Streifen flach nach hinten umgeschlagen und auf die Naht aufgelegt. Im Grunde genommen sind Kappnähte eine übertriebene Form der erhöhten Naht, bei der die beiden Stoffteile nur einfach überlappen und zusammengenäht werden, wie zum Beispiel auf der Innenseite vieler Jeanshosen.

Die Passform der Hose

Bei Ihrem ersten Termin mit dem Schneider wird er Sie fragen, welche Länge Ihre Hose haben soll. Es gibt Regeln für die Hosenlänge, aber sie ist auch eine Frage des Geschmacks. Äußern Sie Ihre Meinung dazu und dann setzen Sie sich hin. Die Hose soll bequem sein, wenn Sie sich bewegen, nicht nur, wenn Sie still stehen. Kleidung kann eng sitzen, sollte einen aber nicht behindern. Die Hose sollte natürlich auf Ihrer Taille sitzen, nicht übertrieben hoch oder zu tief.

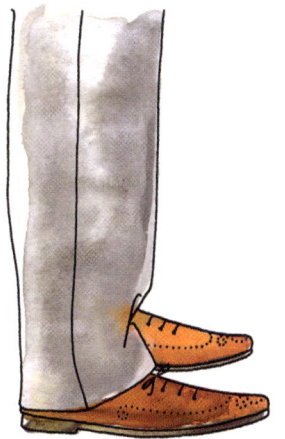

Standardlänge
mit Knick

Kürzere Länge
ohne Knick

Standardlänge

Bei der traditionellen Länge fällt die Hose ohne Knick in der Bügelfalte auf Ihre Schuhe. Die Hose bildet eine gerade, ununterbrochene Linie von der Hüfte bis zum Absatz. Vorne ist ein einziger Knick (Falte). Wenn Sie keine Schuhe tragen, berührt die Bügelfalte gerade den Boden.

Diese Standardlänge lässt Ihre Beine lang und schlank erscheinen. Die elegante Linie wird hinten nicht unterbrochen, vorne nur minimal durch den Knick. Beim Gehen sind Ihre Strümpfe somit höchstwahrscheinlich nicht sichtbar.

Kürzere Länge

Während einige Designer wie Thom Browne extreme Längen bevorzugten, tendiert die Mehrheit in den letzten Jahren jedoch zur kürzeren Form, was sich in der heutigen Männermode in hochgekrempelten Jeans wiederfindet.

Kürzere Hosen sind jedoch kein neues Phänomen. Viele südeuropäische Männer, vor allem in Mailand, trugen ihre Hosen immer kurz. Ihre Hose berührt gewöhnlich gerade die Oberkante ihrer Schuhe und hat weder vorne noch hinten einen Knick in der Bügelfalte (siehe Box). Wenn Sie sich dieser Tradition anschließen wollen, empfehle ich Ihnen Hosenaufschläge. Auch sie sind heute wieder modern und ermöglichen es zudem, die Entscheidung später wieder rückgängig zu machen.

Wenn Sie jedoch eine konservativere und unauffälligere Form wollen, entscheiden Sie sich für einen flachen Knick in der Bügelfalte. So können Ihre Schuhe ein wenig atmen.

» Italienische Hosen

081

Ich mochte kurze Hosen schon immer. Mir erscheinen sie auch gar nicht kurz, sondern ganz normal.

Wenn die Hose gerade die Schuhe berührt, kann man die Schuhe sehen. Und ich mag meine Schuhe. Ich möchte sie zeigen. Ich habe nie verstanden, warum man schöne Lederschuhe trägt und die Hälfte in einem weiten Hosenbein versteckt. Wenn Sie *Monkstraps* tragen, soll man die Schnalle dieser klassischen Herrenschuhe sehen, warum trägt man sie sonst? Vielleicht sehen Engländer das anders, da all ihre Schuhe schwarz sind. Aber meine sind braun – und sie haben so viele schöne Brauntöne.

Einige Männer tragen die kurzen Hosen nicht richtig. Ihre Hosen sind zu weit und flattern beim Gehen. Kürzere Hosen müssen schmal sein und Aufschläge haben, so liegen sie an den Waden an und werden durch das Gewicht der Aufschläge nach unten gezogen. Auf diese Weise liegen sie optimal auf der Oberkante der Schuhe auf.

Wo sollte der Hosenbund sitzen?

Für mich gibt es nur zwei Optionen für den Hosenbund: Entweder er sitzt deutlich über oder auf Ihren Hüftknochen.

Im ersten Fall benötigt man vermutlich Hosenträger. Das ist die traditionelle Bundhöhe, ungefähr in der Höhe des Taillenknopfes Ihres Jacketts. Hier sind Bundfalten vorteilhaft, damit der Stoff über die Hüftknochen fließt. Da der Bund über Ihrem Magen sitzt, sind Hosenträger bequemer. So kann der Bund zwei oder drei Zentimeter weiter sein, da er nicht durch die Spannung gehalten wird.

Die zweite Bundhöhe wird von 99 Prozent der jungen Männer heute getragen. Sie hängt nicht schlaff herunter, sondern sitzt auf der Hüfte und deutlich unterhalb des Magens. Vor allem muss sich der Sitz für Sie natürlich anfühlen, und er sollte sich nicht ändern, wenn Sie bei der Anprobe durch den Raum gehen. Andernfalls stimmt die Länge der Hose nicht mehr, und das ist bei den meisten Hosen, die man sieht, der Fall.

Maßschneider

Niemand kennt alle guten Maßschneider der Welt. Die meisten, die sich Maßkleidung leisten können, bleiben einem Schneider treu und wechseln nur, wenn der Cutter den Betrieb verlässt oder in den Ruhestand geht. Nur wenige sind Kunden bei mehreren Schneidern. Nur sehr wenige kennen alle der rund 20 Maßschneider in Londons Savile Row. Wenn Sie die Row verlassen, dann verdoppelt oder verdreifacht sich die Anzahl. Und wenn Sie London verlassen, dann vervielfacht sie sich.

Das folgende Verzeichnis hat einen sehr subjektiven Charakter. Es beruht auf persönlicher Erfahrung, Ansehen und der Empfehlung Gleichgesinnter. Betrachten Sie es als Liste von Empfehlungen, als eine Beschreibung grundsätzlicher Möglichkeiten und Stilrichtungen. Zum Leidwesen des eigenen Kontostands findet man seinen einzigen und wahren Schneider nur durch Ausprobieren.

Vereinigtes Königreich

Die drei renommiertesten Schneider der Savile Row sind wahrscheinlich Anderson & Sheppard, Huntsman und Henry Poole. Letzterer kann als Gründer der Row gelten. Die beiden anderen sind bekannt für ihre charakteristische Silhouette – im Soft-Look beim einen, beim anderen formbetont. Die Nachkommen der beiden sind über die Row verstreut und machen ähnliche Arbeit, vor allem Steven Hitchcock, Thomas

Mahon und Richard Anderson. Norton & Sons, mit Patrick Grant als neuem Inhaber, hat sich wohl zum progressivsten Haus entwickelt. Maurice Sedwell genießt ein einzigartiges Ansehen unter seinesgleichen. Abseits der Row ist Jonathan Quearney zu empfehlen, während sich in der Innenstadt Graham Browne mit Cutter Russell Howarth einen Namen gemacht hat.

Anderson & Sheppard

32 Old Burlington Street, London

+44 20 7734 1420

Le Snob TIPP Anderson & Sheppard ist bekannt für seine weichen Anzugformen und eine der besten Adressen auf der Row. Die charakteristische Form stammt von Frederick Scholte, dem legendären Schneider, der den Soft-Look mit natürlicher Schulter und leichterer Brusteinlage prägte, insbesondere indem er Letztere zugunsten der Bewegungsfreiheit schräg zuschnitt. A&S hat weltweit treue Kunden, die auf den Stil schwören (und ebenso viele Kritiker). Die relativ neuen Räume auf der Old

« **Anderson & Sheppard**-Jacketts sind für ihre charakteristische, weiche Form bekannt.

Burlington Street beweisen Tradition und moderne Eleganz. Entwickeln Sie ein Gefühl für den Stil und bleiben Sie dabei, wenn er Ihnen gefällt.

Steven Hitchcock

13 Savile Row (Untergeschoss), London

+44 20 7287 2492

Steven Hitchcock ist der Sohn von John Hitchcock, Head Cutter bei Anderson & Sheppard, der wunderbare Anzüge für mich geschneidert hat. Viele suchen seinen angesehenen Sohn in dessen Tiefgeschoss auf der Savile Row auf. Hier ist der Look etwas anders als bei A&S und der Anzug etwas billiger.

Thomas Mahon

Warwick Hall, Warwick-on-Eden, Carlisle

+44 1228 561700

Ein weiterer Ex-Anderson-Cutter, Thomas Mahon, pflegt seit fünf Jahren die Website *English Cut*, die eine echte Fangemeinde entwickelt hat. Er ist der erste Schneider alter Schule, der dieses Medium nutzt. Sein Stil ist soft, wie A&S, und sehr gefragt. Er war über 20 Jahre lang der Schneider von Prinz Charles, und seine typisch schräge Schulterpartie kennzeichnet viele von Charles' Zweireihern. Ich empfehle auch seine Smokings, bei denen Thomas besonderen Wert auf die echte Seide legt, die er für die Besätze des Jacketts benutzt. Wegen des Standorts in Carlisle in Nordengland ist Thomas günstiger als jeder andere der Row, obwohl er die meisten Termine und Anproben noch auf der Row macht. Die Fertigung erfolgt dann in der schönen Grafschaft Cumbria.

H. Huntsman & Sons

11 Savile Row, London

+44 20 7734 7441

Le Snob TIPP Laut eigener Aussage behauptete Huntsman 160 Jahre lang den Spitzenplatz in der Savile Row. Ob Spitzenplatz oder nicht – auf jeden Fall zählt das Haus hinsichtlich Tradition und Ansehen zu den Großen. Die klassische Huntsman-Form ist anders als die von Anderson & Sheppard: eine starke Schulter, feste Einlagen in der Brustpartie und betonte Taille. Einreihige Jacketts haben meist einen Knopf. Die Jacketts sind geradlinig, militärisch und daher schmeichelhafter als der Soft-Look. Doch nicht jeder schätzt diesen Stil. Wenn Sie eine weichere Struktur bevorzugen, können die engen kleinen Stiche von

Das Huntsman-Jackett Beispiele des klassischen Jackettstils mit stärkerem, strukturiertem Look.

Huntsman beengend wirken. Befürworter der beton-
ten Struktur lehnen softe Jacketts ab; sie bezeichnen
sie als Strickjacken. Anders als A&S bietet Huntsman
sowohl Konfektionsware als auch Maßanzüge, sodass
Sie sich Anregungen im Geschäft holen können.

Richard Anderson

13 Savile Row, London

+44 20 7734 0001

Bevor Richard Anderson sich in der Row selbststän-
dig machte, war er für kurze Zeit Head Cutter bei
Huntsman und der jüngste Mann aller Zeiten in dieser Position. Sein Buch *Bespoke: Savile Row Ripped
and Smoothed* erzählt seine Geschichte vom Auszubil-
denden über den Cutter bis zum Inhaber und gewährt
einen einmaligen Einblick in die Karriere eines Savile
Row-Schneiders. Der Schnitt des Hauses ähnelt
Huntsman, doch Richard genießt den Ruf, gewagte
Stile und mondäne Kunden zu haben. Hier herrscht
Offenheit für neue Ideen.

Henry Poole

15 Savile Row, London

+44 20 7734 5985

Wenn er auch nicht als der erste Schneider der Row
gilt, so begründete Henry Poole dennoch das Ansehen,
das sie bis heute hat. Das Haus ist ein Urgestein der
alten Schule unter allen Schneiderbetrieben. Es ist
der einzige noch bestehende Familienbetrieb. Die
Linie der Inhaber reicht von Henry Poole über seinen
Cousin Samuel Cundey am Ende des 19. Jahrhunderts bis zu Angus Cundey, der noch heute zu den

Direktoren zählt. Während Huntsman schon immer als teuerstes Haus auf der Row galt (trifft nicht mehr zu), erhob Henry Poole verglichen mit seinen Nachbarn stets moderate Preise, ohne jedoch an Ansehen für das hervorragende Handwerk einzubüßen.

Norton & Sons

16 Savile Row, London

+44 20 7437 0829

Norton & Sons wurde vor einigen Jahren von Patrick Grant, einem schneidigen Unternehmer, wiederbelebt. Innerhalb kurzer Zeit hauchte er dem großen Haus neuen Atem ein und entwickelte eine modische Konfektionslinie, die von Kaufhäusern weltweit angeboten wird (E. Tautz). Norton war stets eine berühmte Adresse für Jäger und Abenteurer und fand mehrere neue Wege, den britischen Entdecker gleichzeitig trocken, warm und elegant bleiben zu lassen. Heute sind die Anzüge von strukturbetonter Form mit starker Schulterpartie. Einzigartiger schottischer Tweed ist eine weitere Stärke.

Jonathan Quearney

7 Windmill Street, London

+44 20 7631 5132

Jonathan ist ebenfalls ein Vertreter des Soft-Looks, doch liegt er abseits der anderen in der Windmill Street. Er stammt aus der Schule von Thomas Mahon, hat jedoch seine eigene Form und seinen eigenen Stil entwickelt. Er ist ein guter Handwerker und hat ein Gespür für Farben. Selbst ganz schlichte graue oder blaue Anzüge haben bei ihm stets farbige Webelemente. Seit sechs Jahren führt er in seinem Laden eine neue Kundengeneration erfolgreich an den Soft-Look heran. Sein Haus ist eine gute Adresse für diejenigen, die einem klassischen Schnitt eine jugendliche Note verleihen wollen.

Graham Browne

12 Well Court, London

+44 20 7248 7730

Graham Browne ist der einzige hier aufgeführte Schneider, dessen Sitz sich in der Londoner Innenstadt befindet. Diese Adresse ist ein echter Geheimtipp. Head Cutter Russell Howarth, der zuvor für den Militär-Schneider *Kashkets* tätig war, belebte den Laden nahe Bow Lane und Bank Station neu und bietet das wahrscheinlich beste Preis-Leistungs-Verhältnis aller Maßschneider in London. Im Gegensatz zu anderen Schneidern ist Russell stets offen für Vorschläge und Experimente, wie seine Arbeit mit Guy Hills von *Dashing Tweeds* und auch sein Umgang mit meinen skurrilen Wünschen beweist.

New York

Amerikaner lieben englische Schneiderei. Daher, aufgrund der Langlebigkeit und aus Opportunismus dominieren Savile Row-Schneider das Geschäft der Maßanzüge in New York und in anderen amerikanischen Städten. Viele reisen zwei Mal jährlich in die USA, und nicht wenige machen hier mehr als die Hälfte ihres Gewinns. Doch hat auch New York einige große Schneider – meist Engländer oder Italiener –, und wie bei einigen ihrer britischen Kollegen wächst ihr Geschäft.

Nino Corvato

510 Madison Avenue, New York

+1 212 980 4980

Corvato genießt hohes Ansehen bei Kunden in den USA und darüber hinaus. Er bevorzugt einen weichen Stil mit fast unmerklichen Schulterpolstern. Er stammt aus Sizilien, studierte in Neapel und kam in den 1960er Jahren nach Amerika. Seine Preise beginnen bei circa 2.700 Euro. David Letterman ist ein berühmter Kunde.

William Fioravanti

45 West 57th Street, New York

+1 212 355 1540

Bill Fioravanti, ein Schneider der alten Schule aus Neapel, lebte lange in den USA, bewahrte aber stets seine Liebe zu den traditionellen Techniken seiner Heimat. Er ist eine Art Vaterfigur für die Branche in den USA, war Präsident der *Custom*

Tailors and Designers Association of America und wurde bereits in sehr jungen Jahren mit der *Goldenen Schere* der Akademie der Meisterschneider in Italien ausgezeichnet. Der Stil des Hauses ist kraftvoll, mit einer Tendenz zu starken Schultern und gerader Taille.

Leonard Logsdail

9 East 53rd Street, 4th Floor, New York

+1 212 688 2868

Leonard Logsdail ist ein *Englishman in New York*. Er wurde in der Savile Row ausgebildet, unter anderem bei Bernard Weatherill. (2010 wiederbelebt, setzt sich Weatherill durch den Jagdstil-Touch von der nüchtern-modernen Ästhetik seines heutigen Mutterhauses Kilgour ab.) Leonard Logsdails Sitz liegt mitten in Manhattan – ein charmanter, kleiner Betrieb zusammen mit dem Schneider und Konfektionshändler Stephen Kempton.

F. Shattuck

Cazenovia (Bundesstaat New York)

+1 315 882 4724

Der irische Schneider Frank Shattuck ist in Cazenovia im Bundesstaat New York nahe Syracuse ansässig. Er war zehn Jahre lang auf der Madison Avenue und zog vor einigen Jahren aus der Stadt. Die Preise, ab 4.000 Euro, sind nicht gerade günstig und spiegeln die Handwerkskosten in den USA wider. Frank macht zudem alle Arbeiten selbst. Außerdem hat er eine spezielle Vorliebe für das Polieren der Knöpfe mit Olivenöl.

Mailand

Obwohl Mailand weltweit als Hauptstadt der Männermode gilt, glänzt sie nicht durch die Anzahl an Maßschneidern. Hervorragende Konfektionsware, ja – echte Maßanzüge allerdings sind rar. Unter den wenigen Maßschneidern in Mailand genießt F. Caraceni das höchste Ansehen, auch A. Caraceni und Ricciardi Giuseppe werden empfohlen. Interessant ist auch Tindaro de Luca, ein guter Schneider, der seinen Ruf ausbaute, als er im Blog *The Sartorialist* als gut gekleideter Fachmann auftrat.

F. Caraceni

22A Via San Marco, Mailand

+39 02 6554 284

Ferdinando Caraceni in Mailand ist wohl das bekannteste Haus für Maßkleidung, das der Caraceni-Familie entstammt. Mit seinem makellosen Ansehen gilt Caraceni noch immer als einer der besten aller italienischen Schneider. Sein Stil ist schwer zu charakterisieren, da er neapolitanische und römische Elemente kombiniert. Silvio Berlusconi war der berühmteste Kunde, bis er 2010 zum Erstaunen vieler zu Kiton wechselte.

Tindaro de Luca

15 Via Gesu, Mailand

+39 02 7602 1096

Tindaro liegt auf der Via Gesu, mitten im Goldenen Dreieck der Mailänder Modewelt, nahe dem Kiton-Verkaufsraum. Er hat nichts von dem Gehabe seiner

Nachbarn und fertigt gute Maßanzüge, die sich durch eine für Italien untypisch stark ausgeprägte Brustpartie, aber weiche Schulterpolster auszeichnen – also keine klassischen Mailänder Businessanzüge. Tindaro erlangte eine gewisse Prominenz, als ihn Scott Schuman für seinen Blog *The Sartorialist* in einem feinen Kreidestreifen-Anzug mit lederbrauner Weste fotografierte.

Hongkong

Hongkong ist das genaue Gegenteil von Mailand – viele Schneider, aber nur wenige sind gut. Wenn Sie durch die Straßen von Kowloon gehen, werden Sie von Menschen bestürmt, die Ihnen Anzüge nähen wollen. Das dürfte Ihnen sonst eher selten passieren. Wenn diese Händler Ihnen einen Maßanzug in 24 Stunden bieten, dann handelt es sich sicher nicht um einen Maßanzug. Da Sie nie sehen, wo diese Anzüge genäht werden, ist der Ruf des Schneiders entscheidend – in Hongkong sicherlich noch mehr als in den anderen hier aufgeführten Städten. Ohne Empfehlung können Sie nicht wissen, ob Ihr Geld gut angelegt ist.

Für den Preis, den Sie bei dem günstigsten Maßschneider in London zahlen, erhalten Sie in Hongkong einen guten Anzug (ab etwa 1.000 Euro). In diesem höheren Marktsegment sind die renommiertesten Schneider W. W. Chan, H. Baroman und A-Man Hing Cheong. Im mittleren Bereich (um 500 Euro) ist Edward Tam von E. Italian zu empfehlen.

A-Man Hing Cheong

5 Connaught Road, Mandarin Oriental Hotel,
Central District, Hongkong

+852 2522 3336

Die Atmosphäre bei A-Man ist freundlich und hat
Club-Charakter. Das dunkle Holzinterieur ist anspre-
chend und gemütlich – oft kommen Stammkunden
für Anproben vorbei oder stöbern in Modebüchern.
Die meisten Schneider in Hongkong haben keinen
hauseigenen Stil, A-Man dagegen schon: eine englische Form mit betonter Brustpartie und Schulter.
Und er tendiert zu klassischen englischen Stoffen. Im
Vergleich zu seinen Hongkonger Mitbewerbern verwendet A-Man weniger Details, wie Hornknöpfe.

H. Baroman

9 Queen's Road, Central District, Hongkong

+852 2523 3238

W. W. Chan

A2, 2/F, Burlington House, 94 Nathan Road,
Kowloon, Hongkong

+852 2366 9738

W. W. Chan und H. Baroman – eigentlich alteinge-
sessene Schneidereien aus Shanghai und dort im frü-
hen 20. Jahrhundert gegründet – gehören in Hongkong zu den neueren Adressen. Schon früh als *Red
Gang* bezeichnet, beruht ihre Stärke auf ihrem Aus-
bildungssystem, aus dem viele heutige Meisterschneider hervorgingen. Neben A-Man Hing Cheong sind

auch diese beiden beliebte Adressen für Besuche von *The Sartorialist*-Bloggern aus den USA und UK. Sie sind nicht wirklich günstig, jedoch fast auf Savile Row-Niveau und dies im Vergleich zu deutlich niedrigeren Preisen.

E. Italian

Shop 117, 1/F, Regal Kowloon Hotel,
71 Mody Road, Kowloon, Hongkong

+852 2367 2782

Obwohl er anfänglich schwer von den anderen Schneidern im Hotel Regal Kowloon zu unterscheiden ist, verdient Edward Tams Betrieb E. Italian besondere Anerkennung für seine Bemühungen hinsichtlich Service und Qualität – und das bei sehr moderaten Preisen (zwischen circa 350 und 450 Euro). Das ist preisgünstige Maßarbeit ohne den Schwindel der 24-Stunden-Schneider in Hongkong. Edward näht Anzüge niemals ohne erste Anprobe. Die Qualität entspricht nicht ganz den zuvor genannten großen Betrieben, doch für Preisbewusste lohnt ein Besuch.

Frankreich

Auch wenn Paris heute nicht mehr das Zentrum für Herrenmode ist, so wollte sich doch in den 1950ern jeder Schneider hier einen Namen machen.

Camps de Luca

11 Place de la Madeleine, Paris

+33 142 65 42 15

Nachdem er sich in Mailand ein Ansehen erworben hatte, schloss sich der geschäftstüchtige Mario de Luca mit Joseph Camps zusammen, der in Paris für Originalität und Fantasie berühmt war. Gemeinsam gründeten sie eines der beiden großen Pariser Modehäuser. Heute wird der Betrieb von Marios Sohn und Enkel geführt, Marc und Charles de Luca. Das Haus ist bekannt für eine schmale Silhouette und kleine Innovationen, wie eine tropfenförmige Innentasche.

Cifonelli

33 Rue Marbeuf, Paris

+33 143 59 39 13

Nachdem sie 1993 in der Werkstatt des berühmten französischen Hauses begonnen hatten, übernahmen die Cousins Massimo und Lorenzo Cifonelli 2003 den Betrieb. Ihrer Ansicht nach verbindet der Stil ihres Hauses beste englische, französische und italienische Schneiderkunst: Fingerspitzengefühl, betonte Struktur und präzise Details. Heute bietet Cifonelli Maßkonfektion und Konfektion an. Die Jacketts haben typische, betonte Schultern und Details wie Außentaschen auf den Ärmeln und gebogene, aufgesetzte Taschen.

» Der letzte Schliff

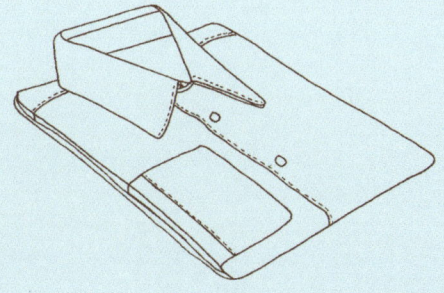

Futterstoffe

Wenn Sie den Stoff für Ihren Anzug (Material, Farbe und Muster) und den Stil (Anzahl der Knöpfe und Struktur der Front) ausgesucht haben, bleiben noch Details, die Sie bisher wahrscheinlich vernachlässigt haben: Futterstoff, Knöpfe und Taschen.

Leuchtende Farben

Haben Sie keine Bedenken, leuchtende Futterstoffe zu wählen, auch wenn dies keinem der aktuellen Trends entsprechen sollte. Leuchtendes Rot beispielsweise ist seit geraumer Zeit ein klassischer Begleiter von Marineblau – vom Strumpf bis zum Halstuch. Daher ist ein rotes Futter in einem marineblauen Anzug eigentlich keine Modeerscheinung mehr.

Klassische Farben

Wenn Sie tatsächlich Farbe wünschen, sind Sie mit dunklen, aber ausgefallenen Tönen in jedem Fall auf der sicheren Seite: satte, tiefe Nuancen von Purpurrot, Grün, Blau und Orange. Denken Sie bei der Auswahl Ihres Futterstoffes wie bei der Auswahl Ihrer Krawatte daran. Wirklich aufsehenerregende Krawatten sind nicht Grellgelb, sondern Purpurrot mit Marineblau, Orange mit Braun oder Grün mit mittelgrauem Flanell.

Ihr Futter soll ebenso wie Ihre Krawatte einen Kontrast zum Anzug bieten und besteht aus demselben Material wie Ihre Krawatte (zumindest ähnlich; Seide wird heutzutage nur noch selten verwendet, da sie luftundurchlässig ist und künstliche Fasern eine längere Lebensdauer haben). Die Farbe sollte also nach denselben Kriterien ausgewählt werden, jedoch mit einer Einschränkung: Das Futter lässt sich nicht wechseln. Wenn Sie also eine einzige Krawatte hätten, wie sollte sie aussehen?

Farbkombinationen

Andere Kombinationen, die ich empfehle, sind Gold oder Kupfer mit Grau, Flaschengrün mit Blau und Orange mit Dunkelgrau. Bei Tweed wirken helle Farben gut, vermutlich weil in den meisten Stoffen helle Fäden – wenn auch sparsam – eingewoben sind.

Imitate und kurzlebige Trends

In den letzten zehn Jahren sind auffällige Futterstoffe häufiger geworden. Dunkelrot, Gelb und helle Streifen sollten dem Anzug einen Hauch Individualität verleihen.

Paul Smith war hier und in anderen Bereichen wahrhaft innovativ. Doch als es ihm jeder nachmachte, wurden helle Futterstoffe gewöhnlich und sogar billig. Bald trug jeder auf der Straße dieses Futter, somit war der Trend tot.

Ähnlich verhielt es sich mit echten Knopflöchern, Ärmelknöpfen mit Funktion und hochgeschlossenen Jacketts. In der Konfektionsmode waren dies kurzlebige Trends. Sobald sich der Staub gelegt hatte, tat die Savile Row immer noch das, was sie immer getan hatte – und das wie immer außergewöhnlich gut.

Passend zum Jackett

Bei einem Futter, das dem Anzugstoff ähnelt, gehen Sie kein Risiko ein. Hier gilt ähnlich wie für die Socken: die gleiche Farbe, vielleicht etwas dunkler. Ein solches Futter sticht nicht hervor und empfiehlt sich vor allem dann, wenn der Anzug in anderer Hinsicht auffällig ist, beispielsweise durch ein gewagtes Muster oder kontrastierende Knöpfe. Alles in allem ist es eine Frage der Balance.

Gemusterte Futterstoffe

Dieses Prinzip gilt auch für gemusterte Futterstoffe: Das Muster sollte nur so gewagt sein, wie es der Anzug erlaubt. Aber Vorsicht! Ein gewagtes Muster kann billiger wirken als eine mutige Farbe. Vermeiden Sie gepunktete Stoffe und Paisley-Muster, sofern sie nicht sehr dezent sind.

Eine andere Option für Futterstoffe sind Trikotstreifen – ein berühmtes Merkmal in Jacketts von Pogson & Davis, die im Londoner Stadtteil Mayfair ansässig sind. Auch gemusterte Hemdstoffe, obwohl sie nicht so glatt sind wie seidenartige Materialien, eignen sich – allerdings für halb gefütterte Jacketts oder als Blenden für die Säume in nicht gefütterten Jacketts. So kann der schmale Streifen, der als Saumblende verwendet wird, trotz eines auffälligen Musters ein subtiles Detail darstellen.

Weise Worte

Michael Drake, Gründer
von Drake's, UK

» Stil zeigt sich im Detail

Egal, wie gut Ihr Anzug geschnitten ist oder was er kostet: Gut gekleidet sind Sie erst, wenn Sie auch den Details Beachtung schenken. Besonders wichtig ist die Krawatte.

Die besten Krawatten sind handgefertigt, nicht maschinell genäht. Vermeiden Sie Extreme: nicht breiter als neun Zentimeter und nicht schmaler als sieben; nicht zu auffällig gemustert, zu bunt oder zu glänzend. Die Regel, Krawatten am Morgen heller, am Nachmittag etwas dunkler und am Abend noch dunkler zu tragen, ist kaum zu schlagen.

Bei den Knoten sind nur zwei der Überlegung wert: der Four-in-Hand und der Half-Windsor. Letzterer ist eine gute Wahl, wenn die Krawatte zu lang oder ein vollerer Knoten erforderlich ist.

Im Idealfall sollte eine Krawatte mit dem vorderen und dem hinteren Teil direkt über dem Hosenbund enden. Wenn die Enden nicht gleich lang sein können, dann sollte besser das hintere etwas länger sein als das vordere.

Die Wahl der Knöpfe

Ihre Wahl der Knöpfe hat Einfluss auf die Wirkung Ihres Anzugs, weswegen es hierbei einiges zu bedenken gilt: die Anzahl der Knöpfe, das Material, die Farbe. Knöpfe zu kaufen kann Spaß machen. Es gibt ein großes Online-Angebot. Doch nur wenige haben passende Sets in den für die Front und für die Ärmel erforderlichen Größen. Achten Sie darauf, denn Front- und Ärmelknöpfe sollten zueinanderpassen.

Material

Die Knöpfe der meisten hochwertigen Anzüge bestehen aus dem Horn von Kühen, Hirschen oder Büffeln. Sie sind fester und haben schönere und vielseitigere Farbtöne als Kunststoff.

Abgesehen davon ist der Unterschied für den Anzug gering, und wenn Sie bei einem Jackett ein Detail

Handgenähte Knopflöcher

Die besten Maßanzüge werden ausschließlich mit der Hand genäht, und das sollte auch für die Knopflöcher gelten. Der Unterschied ist leicht erkennbar, denn handgenähte Knopflöcher haben breitere Stiche, die etwas unregelmäßig sein können. Auf der Innenseite sind die Stiche deutlich unebener.

opfern wollen, ist es wahrscheinlich Horn (gefolgt von manuell gefertigten Schulterpolstern und Handnähten, auf maßgeschneiderte Ware sollten Sie hingegen niemals verzichten).

Jackettknöpfe können recht frei gestaltet werden. Vergoldete Knöpfe sind die klassische Variante – vermeiden Sie jedoch Wappen, sofern es nicht von Ihnen, Ihrem Club, Ihrer Schule oder Ihrer Universität stammt. Ich persönlich ziehe goldenen Knöpfen eher andere kontrastreiche Farben wie Weiß, Creme oder Silber vor. Mit Stoff bezogene Knöpfe werden vor allem bei Smokings verwendet.

Andere beliebte natürliche Materialien sind Muschel oder Holz. Perlmuttknöpfe sind Standard bei guten Hemden, doch sie passen auch zu hellen Jacketts oder

Hornknopf

Vergoldeter Knopf

Bezogener Knopf

Muschelknopf

Perlmuttknopf

Holzknopf

in schwarzer Ausführung zu glänzenden Materialien wie Angorawolle und Seide. Holzknöpfe verleihen Gewicht und Struktur (wie Lederknöpfe, eine Option für Sportjacketts). Bei unüblichen Materialien sollte man allerdings einen etwas dunkleren Farbton wählen.

Farbe

Knöpfe müssen zum Stoff passen. Ein marineblauer Anzug hat dunkelblaue Knöpfe, ein grauer Anzug dunkelgraue. Wie passendes Futter sollen sie ähnlich, aber etwas dunkler sein. Hellere Knöpfe wirken schnell billig.

Grau oder Blau bieten jedoch nicht so viele Variationsmöglichkeiten. Die schönsten Hornknöpfe sind Braun, von dunklem Schokoladen- bis zu hellem Kastanienbraun, und sie haben vielfältige Farbnuancen und Muster.

Wenn Sie eher braune Schuhe zu Ihren Anzügen tragen als schwarze (wie ich), empfehle ich braune Knöpfe. Wenn schwarze Schuhe überwiegen, sollten Sie dazu passende Knöpfe wählen.

Sportjacketts, die meist mit braunen Schuhen kombiniert werden, eignen sich gut für braune Hornknöpfe. Das Jackett wird wahrscheinlich ein Muster und eine Struktur haben, was ein gutes Gegengewicht bildet.

Löcher

Die meisten Knöpfe haben vier Löcher, damit sie besser halten und symmetrisch sind. Einige haben als besonderes Design zwei, was manche insbesondere bei dunkelblauen Knöpfen mögen. Dagegen ist nichts einzuwenden. Und wenn die Knöpfe manuell angenäht sind, werden sie auch nicht zu schnell abfallen.

Knöpfe an Ärmeln

Jackettärmel können einen, zwei, drei, vier oder fünf Knöpfe haben – oder auch keinen, wenn dies gewünscht wird. Vier sind allgemein üblich, drei würde ich vermeiden. Fünf Knöpfe gelten als zusätzliches dekoratives Element, zwei sind altmodisch, einer ist wiederum modebewusst. Krempelbare Ärmel haben in der Regel zwei Knöpfe oder gar keinen.

Echte Knöpfe

Funktionierende Knopflöcher waren stets ein Merkmal für Maßanzüge. Sie ließen sich alle öffnen, damit der Ärmelsaum beim Händewaschen nicht nass wurde. Konfektionsanzüge boten diesen Luxus lange Zeit nicht. Daher ließen Männer den ersten Knopf offen, um dezent auf ihren Maßanzug hinzuweisen.

Seit etwa zehn Jahren haben auch Anzüge von der Stange echte Knopflöcher und andere Designdetails wie farbige Nähte und handgenähte Revers. Plötzlich waren diese Details kein Kennzeichen mehr für einen Maßanzug, sondern fast das Gegenteil.

Anderson & Sheppard fertigte seine Anzüge interessanterweise traditionell ohne echte Knopflöcher. Für sie waren sie also nie ein Merkmal für einen Maßanzug.

Taschen im Standardformat

Taschen können sehr schnell sehr langweilig aussehen. Das muss nicht sein. Ein Anzug kann durch die Taschen lebendig werden.

Standardoptionen

Wenn Sie einen klassischen Anzug wünschen, sagen Sie Ihrem Schneider zu den Taschen Folgendes: Zwei äußere Hüfttaschen, gerade und mit Patte, eine flache äußere Brusttasche, zwei innere Brusttaschen und eine innere Billetttasche. Letztere ist eine kleine Tasche in der linken Innenseite, die ursprünglich für Billetts verwendet wurde. Heute enthält sie Wechselgeld oder meistens Visitenkarten.

Normale Hüfttaschen werden in die Innenseite des Jacketts eingenäht. Bei einem ungefütterten Jackett sind sie sichtbar und werden innen angeheftet, damit sie glatt hängen. Der Eingriff ist ein Schlitz, der mit einer Patte (Taschenklappe) bedeckt ist. Die Patte

Standardtaschen   **Paspeltaschen**   **Aufgesetzte Taschen**

macht das Erscheinungsbild eleganter, da der Schlitz andernfalls unschön durchhängen könnte.

Paspeltaschen

Elegante Kleidung wie ein Smoking hat oft eine Tasche ohne Patte (Paspeltasche). In den 20er und 30er Jahren waren sie auch bei normalen Anzügen üblich, doch dann wurden Anzüge aus dickeren Stoffen genäht, sodass das zusätzliche Volumen einer Patte den richtigen Ausgleich darstellte.

Heute bilden Paspeltaschen meist einen sauberen Schlitz und sie sollten selten mehr enthalten als ein Blatt Papier. Viele Schneider empfehlen sogar, sie geheftet zu lassen, damit die Kante straff bleibt. Einige Männer gehen noch weiter und lassen alle Taschen geheftet, ob Patte oder Paspel. So verhindern sie, sich etwas in die Taschen zu stecken (s. Seite 135). Eine gute Alternative ist eine innere Aufteilung der Hüfttasche in vielleicht zwei Fächer.

Die äußere Brusttasche hat keine Klappe, ist aber auf ihrer Vorderseite mit einem zusätzlichen Stoffstreifen

| Schräge Taschen | Gerundete Taschen | Schräge Paspeltaschen |

TASCHEN IM STANDARDFORMAT

besetzt. In dieser Tasche wird das Taschentuch lässig und luftig arrangiert (stecken Sie es einfach locker hinein). Den für die Brusttasche typischen Besatz an der oberen Kante haben auch einige aufgesetzte Taschen.

Aufgesetzte Taschen

Bei diesen einfacher gearbeiteten Taschen wird ein Stück Stoff außen auf das Jackett aufgesetzt, anstelle eines Taschenbeutels innen. Paspeltaschen wirken eleganter, aufgesetzte Taschen lässiger. Daher werden sie für lässigere Jacketts wie Sommer-, Tweed-, Reit- oder sonstige Sportjacketts verwendet.

Ein lässiges Anzugjackett eignet sich auch als separates Sakko. Dafür muss der Stoff informell wirken (dicker oder rauer), eine äußere Billetttasche kann diese Wirkung zusätzlich unterstützen. Meist sitzt sie über der rechten Hüfttasche (bei einem Rechtshänder) und ist schmal, aber tief, damit ein Ticket vertikal hineinpasst. Eine äußere Billetttasche ist nicht für jeden Stil geeignet, in jedem Fall aber ein lässiges Designelement.

Formvariation

Alle unsere Taschen waren bisher gerade. Sie können auch schräg oder sogar gerundet sein. Schräge Taschen sollten ursprünglich den Eingriff auf dem Pferderücken erleichtern. Daher sind sie heute üblich bei Reitjacketts. Bei Anzügen gelten sie gegenüber geraden Taschen als schicker, da ihre Diagonale schnittiger wirkt. Gerundete Taschen wirken hübsch exzentrisch, sollten jedoch Tweedjacketts vorbehalten bleiben.

Den Anzug kombinieren

Thema dieses Buches sind Anzüge und nicht die Accessoires. Dennoch sollen einige Worte zu den Kombinationen gesagt werden.

Hemden

Wie bei einem Smoking sollten Stil und Charakter eines Hemds auch im Verhältnis zu dem Anzug ausgewählt werden, mit dem es getragen wird. Ein robuster Cordanzug wirkt mit einem weißen Hemd mit Spreizkragen und doppeltem Ärmelaufschlag eher skurril. Dazu passt eher *Tattersall* (ein kleines Karo) oder Oxford-Gewebe und ein einfacher Aufschlag.

Auch die Passform des Hemds sollte zum Anzug passen. Wenn das Jackett gut sitzt, sollten Sie ein weites Hemd vermeiden – es würde die Taille aufblähen und wirkt unschön, wenn Sie das Jackett ablegen. Ebenso sollte ein Jackett mit hohem Armloch mit einem ähnlich geschnittenen Hemd getragen werden, damit Sie die Bewegungsfreiheit auch tatsächlich nutzen können.

Krawatten

Krawatten sind eher eine Frage des Stils als der Passform. Ob bedruckter Foulard (Seide), verschiedene Gewebe oder quadratischer Strick, der Stil sollte stets dem Anzug entsprechen. Bei der Form sollte jedoch beachtet werden, dass das vordere Ende direkt über dem Hosenbund endet. Das hintere Ende sollte gleich lang sein oder, wenn das nicht möglich ist, etwas länger. Besonders elegante Gentlemen stecken das

» Die Welt des Faltens

Da die verschiedenen Methoden, Falten von Krawatten zu zählen, häufig verwechselt werden, werden heute meist alle Krawatten mit mehr als drei Falten als Sieben-Falten-Krawatten bezeichnet.

Normale Krawatten haben drei sichtbare Falten. Schauen Sie auf die Rückseite der Krawatte. Zuerst wird die Seide auf jeder Seite nach hinten gefaltet. Dann wird die eine Seite unter die andere geschoben und bildet so die dritte Falte. Wenn von Beginn an ein ausreichend großes Stück Seide verwendet wurde, dann kann unter den nach hinten gefalteten Seiten beliebig oft weitergefaltet werden und die Krawatte wird insgesamt dicker. Bei guten Krawatten durchlaufen die Falten die gesamte Krawatte. Wenn es auch nicht immer leicht ist, so erkennen Sie eine echte Sieben-Falten-Krawatte daran, dass die Seiten überlappen und wie eine Ziehharmonika übereinanderliegen. Auch wenn Sieben-Falten-Krawatten im Tragekomfort nicht unbedingt besser sind, so sind sie doch ein sehr exklusives Accessoire.

hintere Ende in den Hosenbund. Unabhängig von Größe oder persönlichem Stil ist die Länge der Krawatte vom Sitz Ihrer Hose abhängig und deshalb auch bei Maßanzügen zu berücksichtigen.

Taschentücher

Zuletzt widmen wir uns dem Taschentuch, meinem bevorzugten Accessoire. Die äußere Brusttasche wirkt immer ein wenig nackt oder sinnlos, wenn sie leer ist, also empfehle ich zumindest ein weißes Leinentuch. Seidentücher eignen sich für derbere Stoffe oder wenn auf die Krawatte verzichtet wird. Sonst ist die Seide zu dominant. Das Einzige, was Sie sich in Bezug auf Anzug und Taschentuch bewusst machen sollten, ist, dass bei einem Anzug mit tiefen Taillenknöpfen das Revers die Brusttasche leicht überlappt. Mir gefällt es, wenn das Taschentuch darunter hervorlugt. Wenn die Knöpfe höher sitzen, können Tasche und Taschentuch isoliert wirken. Gleich, welchen Effekt Sie mögen, beim Design Ihres ersten Maßanzugs können Sie ihn berücksichtigen.

Hersteller- und Lieferantenverzeichnis

Es gibt viele ausgezeichnete Hemdenhersteller weltweit. Auch viele Maßschneider bieten Hemden an, doch sie werden im Gegensatz zu den Anzügen nicht im eigenen Haus genäht. Zwei sind die berühmtesten, und das aus gutem Grund. Der eine ist französisch, der andere englisch – Charvet und Turnbull & Asser.

Charvet

28 Place Vendôme, Paris

Wird auch in vielen Kaufhäusern wie Bergdorf Goodman und Selfridge's geführt.

Als Hemdenmacher und Seidenhändler kennt Charvet seine Stoffe und sein Handwerk im Detail. Der Hauptsitz in Paris ist einen Besuch wert. Auch die Krawatten sind – wenn auch Standardfertigung – sehr zu empfehlen, denn sie lassen sich bestens binden.

Turnbull & Asser

71 & 72 Jermyn Street, London

Filialen in New York und Beverly Hills

Le Snob TIPP T&A ist heute einer der letzten großen Hemdenmacher auf der Jermyn Street. Das eigene Werk in Gloucester und die eigenen exklusiven Stoffe gewährleisten traditionelle, handwerkliche Qualität. Typisch sind relativ feste Hemden mit losem Kragen, aber verstärkten Spitzen und Leisten. Und auch der Ruf, eher mutige Farben zu verwenden, ist durchaus gerechtfertigt. Aber T&A kann Ihnen ebenso ein wunderbar weiches Oxford-Button-Down-Hemd in einem schlichten Blau herstellen. Es wird vor Ort gemessen, ein Papiermuster erstellt und nach Gloucester geschickt. T&A bietet alles, vom Anzug bis zum Pullover, nach dem Jermyn Street-Modell. Doch ich ziehe die Hemden allem anderen vor.

Lock & Co

6 St James's Street, London

Der Hutmacher Lock & Co wurde 1676 gegründet, um den Hof von Karl II. zu bedienen, und ist ein wunderbar geschichtsträchtiges, bescheidenes Haus. Nichts scheint sich in all den Jahren verändert zu haben. Die unverkennbaren weißen Hutschachteln stehen an den Wänden aufgereiht, das Personal ist so zuvorkommend wie immer und vor allem ist die Qualität der Kopfbedeckungen die feinste überhaupt. So empfehle ich besonders den Reisefilzhut mit der entzückenden röhrenförmigen Hutschachtel zum Einrollen.

Drake's

www.drakes-london.com

Obwohl bei der Firma selbst nur online verfügbar, gehören die Accessoires zum Sortiment vieler Kaufhäuser. Zudem hat Drake's einige Jahre lang Krawatten für die größten Namen weltweit hergestellt – alle in Handarbeit in der Londoner Werkstatt. Seit Beginn des Online-Verkaufs sind insbesondere die

Krawatten und Tücher sehr populär geworden. Der Schlüssel zum Erfolg war vor allem der ausgeprägte Sinn für Farben von Gründer Michael Drake. Inspiriert durch den Stil des früheren Britisch-Indiens zeichneten sich die letzten Kollektionen zum Beispiel durch zuckrige Töne aus. Leinen wird hier besonders gut verarbeitet.

Dunhill

Britisches Stammhaus: 2 Davies Street, London

Filialen in etwa 50 Ländern weltweit

Obwohl der Hersteller von Lederreisetaschen mit den Jahren immer größer wurde, mit vielen eigenen Geschäften weltweit, empfehle ich vor allem die Accessoires von Dunhill. Ihre seidenen Taschentücher sind stilvoll und fein, die silbernen Manschettenknöpfe bewährt und die Lederwaren lohnen die Investition. Achten Sie auf die handgefertigte Alfred Dunhill-Kollektion aus der Werkstatt in Nordlondon, aus der auch die berühmten Pfeifen stammen.

Albert Thurston

www.albertthurston.com

Der beste Hersteller von Hosenträgern weltweit. Nicht viele Männer tragen heute Hosenträger, aber den Befürwortern empfehle ich niemanden wärmer als Albert Thurston. Seine Produkte sind über viele Schneider und über die Webseite der Firma zu beziehen. Dennoch sind sie eine Anprobe wert, damit die Länge stimmt. Der populärste Stil besteht darin, das überschüssige Band vor dem Hosenbund hängen zu lassen, und dieses sollte auf keinen Fall zu lang sein.

Tom Ford

(Details siehe S. 57)

Die Qualität der Anzüge, Hemden und sonstigen Waren ist bei Tom Ford beeindruckend, und ich empfehle die Accessoires ebenso wie die Konfektionskleidung. Die Muster sind erwartungsgemäß mutig, doch die Farben sind fein genug, um die Accessoires dezent zu halten. Liebhaber breiter Krawatten und langer Knoten finden hier ihre besten Krawatten.

Kiton

(Details siehe S. 56)

Für Hemden und Accessoires ist Kiton immer einen Besuch wert. Die Hemden werden per Hand gesäumt und der untere Saum ähnelt einem fein gerollten Taschentuch. Kiton ist auch für kleine Innovationen bekannt: zum Beispiel Krawatten aus einem einzigen Stück exklusivem Kammgarn.

Rubinacci

(Details siehe S. 59)

Le Snob
TIPP
Rubinacci bietet viele Accessoires in überraschenden Farben und Kombinationen: seidene Tücher mit Motiven aus Neapel, Tücher mit auffälligen aztekischen Designs, Regenschirme von *Brigg* (extra für Rubinacci mit hellen Farben und poliertem Holzgriff gestaltet), Sieben-Falten-Krawatten mit leichtester Füllung und Strickkrawatten in ungewöhnlichen Farben, so wie sie Luca Rubinacci, der Sohn des Inhabers, gern trägt.

» Der Smoking

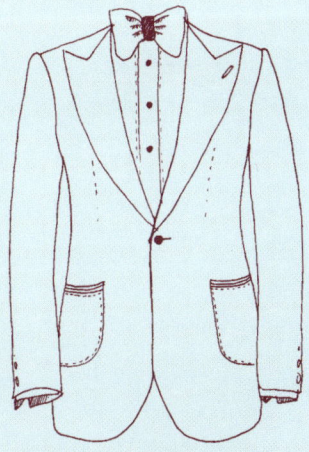

Die Regeln des Smokings

Die Mode wurde seit jeher von gesellschaftlichen Konventionen und sozialen Normen bestimmt. Nur Stilikonen konnten es sich leisten, mit Konventionen zu brechen, so wie Edward VIII., der Wildlederschuhe und Doppelreiher trug. Er machte sie gesellschaftsfähig und ermunterte andere, es ihm gleichzutun.

Heute sind diese Konventionen weitgehend verblasst. In einigen Büros herrscht noch Anzugpflicht. Einige Veranstaltungen wie Pferderennen haben ihre Dresscodes. Ansonsten gelten Regeln für die Herrengarderobe nur noch dort, wo festliche Garderobe gefordert ist. Während Cut und Stresemann bis 18 Uhr getragen werden, sind Smoking und Frack dem Abend vorbehalten. Die am häufigsten zum Einsatz kommende festliche Garderobe ist der Smoking (auch *Black Tie* genannt).

Die Taille bedecken

Einen Smoking richtig zu tragen ist nicht ganz einfach. Der größte Fehler ist, dass die Taille des Mannes oft nicht bedeckt ist. Es muss eine Weste, ein Kummerbund oder ein zweireihiges Jackett getragen werden – wobei die Reihenfolge der abnehmenden Förmlichkeit entspricht. Hier gilt ausnahmsweise, dass ein zweireihiges Jackett weniger förmlich ist als der Einreiher.

Ob Weste, Kummerbund oder Zweireiher, davon ist auch die Wahl des Hemds abhängig. Die meisten zur Abendgarderobe gehörenden Hemden haben steife oder gestärkte Frontpartien. Eine kleine oder ovale Front gehört zu einer Weste. Ein Kummerbund bedeckt weniger vom Hemd und muss daher mit einem rechteckigen und breiteren gestärkten Einsatz getragen werden. Weniger förmlich kann er auch mit plissierter Front und umgeschlagenem Kragen kombiniert werden. Die Hemden mit gestärkter Front haben meist einen Kentkragen. Doch das ist nicht einheitlich.

« Die Taille bedecken
Von links nach rechts:
Weste, Kummerbund
und zweireihiges Jackett

Weitere Stolperfallen

Der zweite große Fehler ist die mangelnde Übereinstimmung von bedeckter Taille, Hemdfront und Kragen. Alle diese Stücke müssen in einem gewissen Fluss stehen.

Der dritte große Fehler, den Männer immer wieder machen, ist, den Smoking tagsüber zu tragen. Abendgarderobe ist für den Abend reserviert.

Das Jackett sollte eher einen spitzen Kragen haben als ein fallendes Revers. Das knüpft an die Vorgeschichte des Stresemann und des Cuts an. Auch ein Schalkragen ist akzeptabel, aber lässiger als ein steigendes Revers. Er ist eher bei zweireihigen Jacketts oder bei der Art von Smoking zu finden, die man in leichten Naturfarben beispielsweise von Humphrey Bogart in *Casablanca* kennt.

Farbvariationen beim Smoking

Viele meinen der Abendanzug sei ausschließlich schwarz, doch tatsächlich kann er auch nachtblau, braun oder allgemein dunkel sein. Noël Coward trug einen braunen Smoking, mit passender Krawatte und Schuhen, der von Douglas Howard gefertigt wurde. Einige Lebemänner der Vergangenheit trugen Smokings in allen Farben, in denen Smokings heute erscheinen. Trotzdem wird nur die erste dieser Alternativen wirklich empfohlen: Nachtblau.

Ein Hauch Individualität

Zu bestimmten Anlässen erlaubt auch der Smoking einen Hauch Individualität. Das Motto hierbei lautet: Kenne die Regeln – und verdrehe sie.

Schuhe

Zum Smoking sollten mindestens polierte schwarze Oxford-Schuhe getragen werden. Der Oxford- ist glatter als der Derby-Schuh und daher förmlicher. *Brogueing* (Lochverzierung) ist zum Smoking nicht geeignet. Noch eleganter sind Lackschuhe. Das ganze Ensemble lebt von kontrastierenden Strukturen: das Tuch des Anzugs und die Seide des Revers, der Hosennaht und Fliege. Lack verstärkt den Kontrast. Obwohl viele Männer die künstliche Oberfläche nicht mögen, ist ein feiner Lackschuh mit dünner Sohle deutlich eleganter.

Förmliches Weiß

Es kann gegen die Intuition sprechen, doch eine weiße Fliege zum Abendanzug ist nicht falsch. Das Adjektiv schwarz in *Black Tie* sagt nichts über die Farbe der Fliege aus, sondern bezieht sich auf die dominierende Farbe des gesamten Outfits.

Allerdings erntet man heutzutage meist ignorante Kritik für eine weiße Fliege. Tragen Sie stattdessen eine weiße Weste und keine schwarze als Echo des Jacketts. Eine weiße Weste ist nicht falsch, sondern förmlicher und viel unauffälliger als eine weiße Fliege. Die meisten weißen Westen sind rückenfrei, mit einem Kragen und Elastikband in der Taille.

Sowohl weiße als auch schwarze Westen können so gefertigt sein – und sie sind viel bequemer. Die Erfindung geht ursprünglich wahrscheinlich auf die Hemdenmacher Hawes & Curtis zurück.

Legen Sie das Jackett nicht ab

Es versteht sich von selbst, dass Sie Ihren Smoking niemals ablegen, sodass der Hemdrücken unter der Weste nicht sichtbar wird. Der Abendanzug demonstriert diese Maxime der Herrenmode besser als jeder andere. Jedes Kleidungsstück, ob Weste, Hemd oder Kummerbund, würde seine Eleganz verlieren, wenn das Jackett abgelegt würde.

Es gab eine Tradition, die nicht sichtbaren Teile des Hemds mit lustigen Motiven wie Tieren oder Comicfiguren zu schmücken, um diese Maxime zu unterstreichen. Ob versteckt oder nicht, das ist eher eine sinnlose und übertriebene Demonstration. Warum sollte der Gesellschaftsanzug eines Mannes komisch sein?

Die kleinen Extras

Der Smoking ist so schlicht, dass kleine Extras wichtig sein können. Beginnen Sie mit einem schönen weißen Taschentuch.

Taschentücher

Meistens wird Leinen für ein weißes Taschentuch empfohlen. Es ist sauber, frisch, und der leicht raue Stoff bildet einen schönen Kontrast zu der Seide der Krawatte. Bei festlicher Garderobe am Abend sollte das Taschentuch jedoch den Glanz der Fliege, des Revers und der Hosennähte aufnehmen und nicht kontrastieren. Also wählen Sie Seide und stecken Sie sie locker ein. Dazu nehmen Sie eine Ecke des Taschentuchs und stecken es bis zum Taschenboden. Nehmen Sie dann die gegenüberliegende Ecke und stecken sie hinter die erste, bis am oberen Rand nur noch wenige Zentimeter hervorragen. Da eine Ecke den Taschenboden berührt, rutscht das Taschentuch nicht heraus.

Wenn Sie trotzdem Leinen verwenden wollen, dann sollte das Tuch dekorativer gesteckt werden als am Tag. Knicken Sie dazu jede Ecke nach oben, sodass die vier Ecken nebeneinanderliegen. Halten Sie die vier Ecken zusammen und falten die Seiten. Stecken Sie das Tuch dann genau so in die Tasche.

Sie können mit dem Taschentuch auch eher einen farblichen Akzent setzen als mit der Fliege oder dem Kummerbund. Schöne Farben für ein seidenes Einstecktuch sind Dunkelrot, Violett oder Gold. Alles, was luxuriös aussieht, vorzugsweise mit einem feinen Muster.

Boutonniere

Auch die Knopflochblume kann einen einzelnen Farbakzent setzen. Die Blumen, oft Nelken, Lilien oder Rosen, sollten hübsch sein und mit Garn hinter dem Revers befestigt werden. Rot ist am besten, aber Gelb oder Weiß passen ebenfalls. Vielleicht eine tiefrote Nelke oder eine Teerosenhybride in Weiß.

Fliegen

Die Fliege sollte von Ihnen selbst gebunden werden. Wenn Sie einen Kläppchenkragen tragen, sollte die Fliege gut passen, damit der Verschluss hinten nicht sichtbar ist. Sie sollte eine Größe über Ihrer üblichen Kragenweite liegen, da sie durch lockeres Binden leicht verkleinert werden kann.

Generell sollte die Fliege sicher, aber nicht zu fest sitzen. Man sollte sehen, dass sie manuell gebunden wurde – nicht weil Sie angeben wollen, sondern weil ein Hauch Sprezzatura immer eleganter ist.

Der letzte Schliff

Es gibt viele Optionen für den letzten Schliff bei einem Abendanzug, doch sie sollten stets zweitrangig sein. Taschenuhren in der Weste sind hübsch und am schönsten mit einer Uhrentasche in der Mitte. Ein schicker Überzieher in Schwarz, vielleicht mit Samtkragen oder Spitzrevers, ist auch eine gute Ergänzung. Seidenschal oder Gehstock können übertrieben wirken. Bei den letzten drei Accessoires gilt es zudem zu bedenken, dass Sie die bei einer Veranstaltung an der Garderobe ablegen und sie drinnen von kaum jemandem gesehen werden.

Hersteller- und Lieferantenverzeichnis

Favourbrook

Herrenmode: 55 Jermyn Street, London
Accessoires: 19–21 Piccadilly Arcade, London

Favourbrook ist relativ neu und dennoch das einzige Haus in London, wo man hervorragende festliche Garderobe von klassisch bis leicht frivol finden kann. Von auffälligen Westen bis zum maßkonfektionierten Cut, Favourbrook ist eine hervorragende Inspirationsquelle. Ich empfehle einen kurzen Besuch, um vor einer großen Veranstaltung Ideen zu sammeln. Experimentieren Sie zum Beispiel mit blassen Farben und subtilen Details.

Budd

1–3 Piccadilly Arcade, London

Le Snob TIPP Nur wenige Meter entfernt von Favourbrooks Westensortiment liegt Budd – ein traditioneller Hemdenmacher durch und durch. Keine E-Mail, kein Slim Cut. Aber er näht die besten maßgeschneiderten Hemden weltweit. Klassisch steife, abnehmbare Eckenkragen sind heute nicht leicht zu finden. Viele sind einfache, kurze und schwache Imitationen. Budd hat das Richtige und die richtigen Accessoires dazu. Bitten Sie um einen Besuch der Maßhemdenschneider im Obergeschoss, wenn sich die Gelegenheit bietet.

Peckham Rye

11 Newburgh Street, London

Im Englischen war der Firmenname lange Zeit ein gängiger Reim auf Krawatte (Tie). Das kleine und modern wirkende Haus ist in England für seine schmalen Krawatten bekannt. Für die Abendgarderobe bietet es gefranste Seidenschals, die hier tatsächlich noch von Hand gefertigt werden. Und für den Abend weiße Seidenkrawatten, schlicht oder gesponnen, die wie Kaschmir wirken. Ich mag vor allem die mit zwei Seidenarten auf beiden Seiten, die zu Beginn des Abends lässig um den Hals gelegt werden.

James Smith & Sons

53 New Oxford Street, London

Viele traditionelle Häuser verkaufen Ihnen einen Gehstock zu einem Frack. Brigg von Swaine Adeney & Brigg wäre eine weitere Empfehlung. Doch nichts ist vergleichbar mit James Smith & Sons, diesem leicht verstaubten Haus am Ende der Tottenham Court Road. Fehlende Rüschen, aber Wert für sein Geld. Und ein guter Service, damit Ihre Wünsche wirklich erfüllt werden. Sehr zu empfehlen für Regenschirme.

Charvet

(Details siehe S. 113)

Das Haus wurde bereits genannt als hervorragende Quelle für Hemden und Accessoires, für Abendgarderobe und Businessanzüge, Hemden, Fliegen, Seidenkrawatten. Nennen Sie dem Personal Ihre

Wünsche und lassen sich beraten. Das schon allein lohnt eine Reise nach Paris.

Brioni

(Details siehe S. 56)

Brioni war lange Zeit der Ausstatter für mehrere Darsteller von James Bond, bis Tom Ford die Aufgabe für Daniel Craig übernahm. Das ist nur ein Grund,

EINZIGARTIG » EXKLUSIV » ULTIMATIV Snob

Pumps und Slipper Der klassische Schuh zum Smoking ist ein schwarzer Pumps mit seidenem Besatz. Er wirkt wie ein offener Schuh, etwa wie ein Ballerina-Schuh. Er hat einen Besatz auf dem Spann, der wie auch die Fliege zum Revers des Jacketts passen sollte (meist grob gerippte Seide, eher als Satin). Viele Männer mögen keine Pumps, was nicht verwunderlich ist. Bei einem förmlichen Gesellschaftsanzug sind sie jedoch korrekt.

Samtslipper befinden sich dagegen am anderen Ende auf der Skala der Förmlichkeit. Ursprünglich wurden sie zu Hause getragen und sind eine lässige Variante zu einem informellen Abendanzug wie einem Samtsmoking, der ebenfalls für den häuslichen Rahmen gedacht war (als die allgemeine Form einen Smoking in Gesellschaft zuließ). Samt ist ein weiches, gemütliches Material – tragen Sie Slipper und Jackett zusammen.

warum Männer Brioni mit großer Abendgarderobe in Verbindung bringen. Der andere sind die unglaublich eleganten und doch leichten Anzüge. Luxus im italienischen Stil.

Tom Ford
(Details siehe S. 57)

Tom Ford verleiht seiner Marke Sexappeal, daher ist es keine Überraschung, dass der Smoking für das nächtliche Rendezvous bei Mr. Ford ein gewisses Etwas besitzt. Erwarten Sie auffällige Revers, eine enge Taille und das, was sich einer Atlas-Silhouette annähert. Die Stoffe sind ebenfalls mutig. Dazu passen Fliege (groß), Kummerbund und Samtslipper (hoher Absatz zum Hochbund).

Henry Poole
(Details siehe S. 87)

Jeder auf der Savile Row und im Umfeld schneidert Frack und Abendanzug hervorragend. Gehen Sie zu dem Schneider Ihres Vertrauens. Henry Poole nenne ich nur explizit, weil ich Erfahrung mit seinen Samtjacketts habe. Doch Passform und Sachkenntnis Ihres eigenen Schneiders sind vorrangig.

» Besitzen

Die Pflege des Anzugs

Das Wichtigste bei der Pflege ist nicht das Reinigen oder Bügeln, sondern das, was Sie mit dem Anzug machen, wenn Sie ihn ablegen. Egal, ob Sie ihn reinigen, aufbewahren oder in Ihren Schrank hängen, Sie sollten darauf achten, dass die Form erhalten bleibt und der Stoff nicht beschädigt wird.

Ein Maßanzug hat eine dreidimensionale, speziell Ihrem Körper angepasste Form. Wenn Sie ihn nicht tragen und mit Ihrem Körper ausfüllen, muss er auf etwas hängen, das ähnlich geformt ist. Das ist vor allem für die Schultern wichtig, da ihre Linie horizontal verläuft, der Rest des Anzugs jedoch vertikal. Wenn ein Anzug einfach auf dem Boden liegt, leidet die Schulterpartie am meisten.

Einen Anzug aufhängen

Also benötigen Sie zunächst einen gut geformten Bügel. Die beiden Enden sollten so breit wie möglich sein, und am besten entspricht die Breite des Bügels etwa der Ihrer Schultern. Nehmen Sie nie einen Damenbügel für ein Herrenjackett oder umgekehrt. Ein guter Bügel sollte außerdem aus natürlichem Holz sein, dann nimmt er die Feuchtigkeit auf, die nach dem Tragen im Stoff sitzt.

Doch keiner dieser Punkte ist so wichtig wie das tägliche Aufhängen Ihres Anzugs. Ziehen Sie zu Hause Ihr Jackett aus, legen es auf das Bett, falten Sie die Hose und hängen sie sorgfältig auf, dann hängen Sie das Jackett auf. Achten Sie darauf, dass der Anzug im Schrank belüftet wird, damit er nicht knittert. Eine Stuhllehne ist vollkommen ungeeignet, egal welche Form sie hat. Wenn Sie keinen Bügel haben, falten Sie das Jackett vorsichtig in der Mitte und legen es auf das Bett oder über einen Stuhl.

Wenn Hosen richtig hängen, bleibt die Bügelfalte eine Weile erhalten. Zum Aufbügeln nehmen Sie eine Bügelpresse oder ein Eisen. Stellen Sie das Bügeleisen auf schwache Hitze und legen Sie ein Geschirrtuch auf den Stoff, da er sonst glänzen wird.

Einen Anzug für die Reise einpacken

Wenn Sie mit einem Anzug reisen, hilft ein Koffer, der länger ist als Ihr Jackett. Drehen Sie das Jackett auf links und stülpen die Schultern vollständig um. Schlagen Sie den Kragen hoch, nehmen Sie das Jackett an den umgedrehten Schultern und falten es in der Mitte. Dann legen Sie es in den Koffer und achten darauf, dass es an allen Seiten sicher gepackt ist. Da die Innenseite nun außen ist, kann die Wolle kaum beschädigt werden.

Wenn Ihr Koffer nicht groß genug ist, falten Sie das Jackett noch einmal in der Länge direkt unter dem Taillenknopf. So schonen Sie die äußeren Taschen, die sich kaum sauber falten lassen. Hosen lassen sich leichter falten, doch auch hier hilft es, wenn der Koffer so breit ist wie die halbe Taillenweite. Wenn nicht, falten Sie die Hose dreifach und legen sie in die Mitte des Koffers.

Reinigung

Wie bei Schuhen hilft es der langfristigen Aufbewahrung Ihres Anzugs sehr, wenn Sie ihn jeden Abend abbürsten. Eine weiche Kleiderbürste entfernt oberflächlichen Schmutz und Staub aus dem Gewebe von Jackett und Hose, sodass sie nicht abgenutzt werden.

Tägliches Bürsten ist von Vorteil, aber nicht zwingend notwendig. Vielleicht sind Sie mal zu müde, wobei das kein Grund ist, das Jackett auf dem Boden liegen zu lassen. Bürsten Sie den Anzug, wenn Sie können, besser unregelmäßig als nie.

Chemische Reinigung

Anzüge werden zu oft gereinigt. Wenn Sie sehen könnten, wie diese Reinigung gemacht wird, würden Sie sie meiden wie die Pest. Der Anzug wird in einer großen Trommel mit Chemikalien geschleudert und dann in einer ebenso großen Maschine gepresst. Das schadet der dreidimensionalen Brust und den Schultern, wie gesagt. Die gute Arbeit Ihres Schneiders kann hier tatsächlich ruiniert werden. Und die Chemikalien beseitigen den Schmutz nicht, sondern lösen und verteilen ihn.

Wenn Sie den Anzug reinigen lassen wollen, suchen Sie einen Fachmann auf. Wer gilt als Fachmann? Jemand, der den Anzug auch dämpft und bügelt, was Sie ebenfalls zwischen den Reinigungen tun sollten.

Weise Worte

Stephen Haughton, Inhaber von
Burford Valet Service, UK

» Leere Taschen

Vor vielen Jahren brachte ich einmal wöchentlich
Alec Guinness seine Anzüge in das Connaught
Hotel (für ihn geschneidert von dem großen Dougie
Hayward). Ich ging lächelnd zurück zu meinem
Auto. Mr. Guinness, dieser englische Gentleman par
excellence, hatte mir einen wertvollen Rat gegeben,
den ich niemals vergessen habe.

„Mr. Guinness, es ist eine wahre Freude, Ihre Anzüge
zu bügeln. Sie sind in bester Form", hatte ich gesagt.
„Mein Lieber", sagte er, „das Geheimnis ist, dass ich
niemals schwere Gegenstände in den Taschen habe.
Nur einen schmalen Stift, Notizblock, ein Taschentuch oder zwei und die Brieftasche. Wechselgeld ist in
meiner Billetttasche. Alles andere ist in der Reise-
tasche. Außerdem stecke ich fast nie meine Hände in
die Taschen. So bleibt der Anzug frisch, in Form und
wird nicht schmutzig."

Das habe ich beherzigt und befolge diese Regeln
seitdem eisern.

Wie oft soll der Anzug gereinigt werden?

Es herrscht Uneinigkeit darüber, wie oft ein Anzug gereinigt werden sollte: von einmal im Monat bis nie. Obwohl die Risiken einer Reinigung bekannt sind, halten einige Männer es für notwendig, denn Männer sind unordentlich – vor allem im Badezimmer –, wodurch gelegentliche Spritzer unvermeidlich sind. Andere vermeiden die Reinigung aus Prinzip. Das sind meist ältere Männer, und nach meiner Erfahrung befeuchten und bügeln sie ihre Anzüge eher selten.

Tatsächlich hängt es davon ab, wie Sie den Anzug tragen und wie oft. Der Zeitraum für die Reinigung liegt dann zwischen halbjährlich und alle fünf Jahre. Wenn Sie den Anzug einmal wöchentlich bei der Arbeit tragen, die Hose abends anbehalten und niemals damit ausgehen, sollte eine chemische Reinigung pro Jahr ausreichend sein.

Saisonale Reinigung

Viele Männer geben alles in die Reinigung, bevor sie es für die Saison weghängen – sie packen das Sommerleinen ein und den Winterflanell aus. Das ist sicherlich ein gutes Vorgehen: Packen Sie Kleidungsstücke nicht in schmutzigem Zustand weg.

Dämpfen und bügeln

Zum Dämpfen und Bügeln benötigt man einen Fachmann (früher war es die Aufgabe des Kammerdieners). Der Dampf wird durch den Stoff geblasen – fast wie mit einem Bügeleisen, jedoch weniger stark und nah. Anschließend wird er dann mit dem Eisen geglättet und wieder perfekt in Form gebracht. Dazu verwendet der Fachmann verschiedene rund geformte Blöcke, damit Brust, Schultern und Ärmel ihre dreidimensionale Form behalten.

Wenn Sie Ihren Anzug einmal jährlich reinigen lassen, lassen Sie ihn alle drei Monate dämpfen und bügeln (wie oben beschrieben). Das bietet sich vor allem nach einer Reise an, da beim Packen Falten entstehen. Die meisten guten Hotels bieten diesen Service an Ihrem Reiseziel an.

Empfehlungen

Einen guten Tipp für einen Fachmann zum Dämpfen und Bügeln in einer bestimmten Stadt bekommt man im dort ansässigen Hotel *Vier Jahreszeiten*. Ich fragte, mit welcher Reinigung sie arbeiteten. Das habe ich zwei Mal, allerdings in Großstädten, ausprobiert und war zufrieden. Eine persönliche Empfehlung wäre natürlich noch besser.

Saisonale Aufbewahrung

Wenn man in der komfortablen Situation ist, zu viele Anzüge zu besitzen, um sie bequem in den Schrank hängen zu können, sollte man darüber nachdenken, wie sie im Frühjahr/Sommer und im Herbst/Winter jeweils aufbewahrt werden können. Man benötigt nicht unbedingt zwei komplette Garderoben, die meisten Anzüge eignen sich mindestens für zwei Jahreszeiten. Dennoch ist es sinnvoll, Mäntel, Handschuhe und dicke Pullover sowie schwere Tweed- und Flanellanzüge im Sommer wegzupacken. Ebenso können Sommeranzüge aus Leinen und Baumwolle im Winter effektiv verstaut werden.

Hängen Sie nur saubere Kleidung weg, da Schmutz im Gewebe Schimmel oder Ungeziefer anziehen könnte. Falten Sie die Kleidung sorgfältig und legen Sie Seidenpapier zwischen die Lagen, falls Sie es haben. Ich lagere die Kleidung in meinen Koffern, aber eine andere saubere und trockene Umgebung ist vorteilhafter (und einfacher). Zu Beginn der Saison lassen Sie die Kleidung professionell bügeln. Wenn Sie dann so weit sind, dass Sie auch Schuhe einlagern, sind Sie wirklich am Ziel.

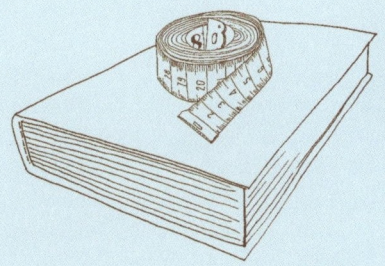

Neues entdecken

Wie bei so vielen anderen speziellen Interessen auf der Welt gibt es auch zum Thema Stil und Mode viele Foren und Blogs. Dort finden Sie mehr Informationen, als Sie sich jemals vorstellen konnten: Basics, interessante Details, Neuigkeiten, persönliche Erfahrungen, aber auch Komisches, wie zum Beispiel seitenweise Schuhpornografie (Liebhaber, die Fotos Ihrer Lieblingsschuhe in jedem erdenklichen Winkel einstellen).

Als Informationsquelle sind die Foren und Blogs unschätzbar. Wenn Sie Meinungen über Schneider oder Marken brauchen, geben Sie die Namen in eine Suchmaschine ein, und Sie erhalten eine Flut von Kommentaren. Wertvoll sind auch Informationen über spezielle Stile, Schneidertricks oder historische Hintergründe.

Im Internet gibt es drei wesentliche Foren: *Style Forum*, *Ask Andy About Clothes* (AAAC) und die *London Lounge*. Die beiden ersten sind theoretisch amerikanisch, das dritte ist ein englisches Forum, doch tatsächlich kommen die User aus der ganzen Welt und beteiligen sich oft an mehreren Foren. AAAC wurde von Andy Gilchrist gegründet, der ein eigenes Handbuch über Kleidung auf CD anbietet. Gründer der London Lounge ist Michael Alden, der auch den besten Video-Blog über Männermode führt: *Dress With Style*.

Der größte unter den sonstigen Blogs ist *A Suitable Wardrobe* von Will Boehlke, mit Sitz in der Nähe von

San Francisco. Will illustriert auf kunstvolle Weise und mit einem feinen Sinn für Farbkombinationen die Vorzüge des klassischen Stils. In den USA sind solche Blogs viel zahlreicher als im Vereinigten Königreich oder in Europa. Zu den Besten gehören *Ivy League Style* und *The Trad*. Im UK ist *Permanent Style* der größte. Seine Bedeutung möchte ich nicht kommentieren, da es mein eigener ist.

Eine stetige Inspirationsquelle ist zudem *The Sartorialist* von Scott Schuman, der streng genommen kein Blog ist. Er ist nicht nur auf klassischen Stil ausgerichtet, doch finden Sie nirgends bessere Fotos des italienischen Klassizismus und schwedischer Eigenheiten.

Die Übersicht wichtiger Bücher ist einfacher. Es gibt wenige große Werke, doch das zweifellos beste Modehandbuch ist *Dressing the Man* von Alan Flusser. Die Geschichte des Anzugs mit tollen Abbildungen finden Sie in *Sharp Suits* von Eric Musgrave.

Ein bekanntes deutsches Werk ist *Der Gentleman: Handbuch der klassischen Herrenmode* von Bernhard Roetzel.

www.styleforum.net
www.askandyaboutclothes.com
www.thelondonlounge.net
www.dresswithstyle.com
www.asuitablewardrobe.com
www.ivy-style.com
www.thetrad.blogspot.com
www.permanentstyle.co.uk
www.thesartorialist.com

Glossar

Bird's Eye Ein Muster mit kleinen überlappenden Kreisen.

Black Tie Synonym für Smoking, kleiner Gesellschaftsanzug, engl. auch Dinner Jacket oder Tuxedo.

Bundschnalle Schnallen mit Riegel an jeder Seite des Hosenbunds zum Regulieren der Weite.

Coat Traditionell das, was wir heute Jackett oder Sakko nennen. Traditionelle engl. Schneider nennen die Anzugjacke Coat und den Mantel Overcoat.

Cutter Derjenige, der für den Zuschnitt des Anzugstoffs zuständig ist. Bei Maßschneidern nimmt er zudem Maß, berät die Kunden in Stilfragen und beauftragt diejenigen, die den Anzug nähen. In leitender Position (Head Cutter) ist er der wichtigste Ansprechpartner für Kunden und prägt den Stil des Hauses, für das er arbeitet, mit.

Einlage Strukturgebende Materialschicht in der Brustpartie des Jacketts. Meist aus Filz, Rosshaar oder Wollgewebe.

Fensterkaro Engl. Windowpane; ein breites Karo mit einzelnen Linien mit mindestens zweieinhalb bis fünf Zentimetern Abstand. Wenn sich horizontale und vertikale Linien farblich unterscheiden, nennt man es Tattersall-Karo (meist bei Hemden).

Fil-à-Fil Ein Stoffgewebe, bei dem die eingewebten Farben stärker sichtbar sind, wie Schwarz und Weiß bei Grau.

Fischgrätmuster Ein gebrochenes Köpergewebe, das ein Zickzackmuster bildet.

Flanell Wollstoff, dessen Garn nicht wie beim Kammgarn behandelt ist; flaumiger mit längerem Flor.

Flat Front-Hose Hose ohne Bundfalten.

Forward Fitting In der Regel die zweite Anprobe des Anzugs, alle Teile sind zusammengebaut, der letzte Schliff fehlt jedoch. Die Passform kann leichter korrigiert werden als beim fertigen Anzug.

Fresco Ein patentiertes Gewebe aus Kammwolle, das weich und leicht ist.

Gabardine Ein dichtes Köpergewebe aus Wolle, Baumwolle oder anderem Garn.

Glen Urquhart-Karo Ein Karo, oft als Glen-Stoff bezeichnet, mit mehreren engen Linien. Mit einem Überkaro bekannt als Prince of Wales nach dem Duke of Windsor, der das Muster berühmt machte.

Hahnentrittmuster Ein erweitertes Gewebe kontrastierender Farben, die ein gezacktes Muster bilden.

Halbfutter Jackett mit halbem Futter. Das Rückenteil ist ungefüttert bis auf eine oder zwei Partien an den Schultern.

Heften Nähen mit losen, langen Stichen. Wird angewandt, damit die Jacketteile leicht aufgetrennt werden können. Für die erste Anprobe (Basted Fitting).

Hopsack Ein loses Gewebe aus Kammwolle mit stärkerer Struktur, aber luftdurchlässig.

Horn Traditionelles Material für Anzugknöpfe. Gefertigt aus dem Horn von Tieren wie Kuh, Hirsch oder Büffel.

Kammgarn Behandelte und fein gewobene Wolle, aus der die meisten modernen Anzüge gefertigt werden.

Kaschmir Langes feines Haar im Winterfell der Kaschmirziege. Wird von den Hirten im Frühjahr ausgekämmt, bevor es ausfällt. Sehr weich, wird insbesondere für Mäntel und Sportjacketts verwendet.

Kord Gerippte Baumwolle, ursprünglich als Ersatz für Samt. Heute üblich für Freizeithosen, mitunter Sportjacketts.

Kragen Teil des Jacketts direkt über dem Revers. Vom Revers abgesetzt. Die Verbindung beider bildet ein fallendes, steigendes oder Fischmaul-Revers.

Kreidestreifen Weißer, fein durchbrochener Streifen im Stoff, leicht unscharfer Effekt.

Leibhöhe Das Maß von der Schrittnaht einer Hose bis zum Bund.

Melton Ein filzartiger Stoff, der häufig für die Einlage im Kragen und auch für manche Jacketts eingesetzt wird.

Mohair Ziegenhaar, das für leichte und atmungsaktive Anzugstoffe genutzt wird. Ist leicht glänzend und wird daher manchmal für Abendgarderobe verwendet.

Nachtblau Ein sehr dunkles, fast schwarzes Blau.

Nadelstreifen Dünner und schärfer als ein Kreidestreifen, ein Bead Stripe besteht aus kleinen Punkten.

Nailhead Ein Stoffmuster mit kleinen, regelmäßigen Punkten, die Nagelköpfen ähneln.

Odd Jackett Ein Jackett, das nicht mit passender Hose getragen wird. Auch als Sportjackett oder Sportjacke bekannt.

Pagodenschulter Besondere Form der Schulterpartie eines Jacketts, bei der die horizontale Linie nach außen hin ansteigt.

Paisley Ein Stoffmuster, das an ein Blatt mit einem spitz zulaufenden, gebogenen Ende erinnert und sich aus einem persischen floralen Motiv entwickelt hat.

Papiermuster Der Plan eines Anzugs, den der Schneider anhand der Maße erstellt. Wird bei jedem neuen Anzug auf den Stoff übertragen und immer den Veränderungen des Kunden angepasst.

Rock Die untere Hälfte eines Jacketts unterhalb der Taille.

Roped Shoulder Eine besondere Form eines nach oben ausgestülpten Ärmelansatzes.

Saumblende Ein schmaler Streifen, um Nähte zu verdecken, wenn sie nicht durch Futter verhüllt sind.

Schrittnaht Wo sich die Hosennähte innen kreuzen.

Seersucker Ein gerippter Baumwollstoff, nur in den USA populär.

Spiegelnaht Die Verbindung zwischen Revers und Kragen.

Super 100 Ein Maß für die Feinheit von Kammwolle. Ursprünglich das Maß, wie viele Zentimeter Garn die Wolle ergab, heute ein Maß des Durchmessers in Mikron.

Taille Die schmalste Stelle am Leib und entsprechend am Jackett, in deren Höhe der Taillenknopf positioniert wird. Auch als Referenz für die Bundhöhe der Hose verwandt.

Tan Eine helle, gelbbraune, karamellähnliche Farbe.

Trews Hose, bei der das Bein aus einem einzigen Stoffteil besteht, ohne Seitennaht. Oft bei Karostoffen, damit sie an den Seiten nicht angepasst werden müssen.

Tweed Ein filziger, grober Wollstoff, der aus mehreren verschieden gefärbten Garnen gewebt wird (häufig, aber nicht nur mit Karomuster).

Twill Ein Stoff mit feiner Köperbindung. Der Grat verläuft meist schräg.

Vorderteil Eine Hälfte der Front eines Jacketts, von der Schulter bis zum Saum und von den Knöpfen zur Seitennaht. Ihm entspricht das Rückenteil auf der hinteren Seite.

Index

143